子役のテレビ史

早熟と無垢と光と影

太田省一

星海社

249

SEIKAISHA
SHINSHO

はじめに

いま、子役が面白い

これから、子役がたどってきた歴史をできる限り詳細に、そして俯瞰的にたどっていきたい。だが本題に入る前にまず、子役がいかに興味深い存在か、なぜいま子役に注目するのかについてふれておこうと思う。

子どもでありながら子どもではない?~早熟と無垢のあいだ

上杉みちという話題の子役がいる。年齢は6歳。と言っても、実在の子役ではない。お笑いトリオ・ロバートのメンバーである秋山竜次が演じる架空のキャラクターだ。秋山は「クリエイターズ・ファイル」という名のもと、TVプロデューサーやメーキャップアーティストなどさまざまな職業や肩書を持つ架空の人物に扮した動画をアップし、面白さとクオリティの高さが評判になっている。その数あるキャラクターのひとりが、子役・上杉みちというわけである。

「映画『星のカラクリ』で注目を集め、映画『おばあちゃんの人参ジュース』で数々の賞を総ナメに」し、「子役ブームのトップを走る」というのが上杉みちの設定だ。映像は、秋山が実際はかなり後ろにいて、大人と並ぶとあたかも子どもサイズで小さく見えるように撮っている。みちくんの所属は児童劇団「えんきんほう」、つまり〝遠近法〟と、シャレが効いている。

動画は3本立てで、最初の動画はみちくんが出演するドラマ『ライオンのキャラメル』の撮影風景から始まる。「いつでも泣ける」というみちくんが、涙を浮かべるシリアスなシーンに挑んでいる。しかしカットがかかると、母親役の俳優に一緒に遊んでもらったことをあどけない笑顔で話し出す。そして欠かさないという水分補給のため、いつもそばにいるママから水を受け取ると、ペットボトルを一気飲み。

2本目の動画では、芝居にも勉強にも頑張るみちくん、休憩時間に走り回って遊ぶみちくんといったオフショットの素顔が明らかに。そして最後の動画では、セリフのなかの「ケースバイケース」という耳慣れない言葉が上手く言えず、号泣してしまう。だが「僕は負けない」というかつての出演ドラマのセリフを思い出し、気を取り直したみちくんは撮影現場に臨む。

ここには、子役という存在のエッセンスがギュッと詰まっている。大人顔負けの演技はもちろん、撮影以外のところでふと見せるあどけない素顔や「ステージママ」の存在などもそうだが、なんと言っても子役の本質が絶妙に表現されている。

みちくんは、大人顔負けの演技で周囲を唸らせる。演技について聞いてもとてもしっかりとしていて、子どもとは思えないプロ意識を感じさせる受け答えだ。ある意味、マセてもいる。だが一方で、みちくんが演じるのは純粋でいかにも子どもらしい子どもだ。だからオフショットの素顔が同じように純粋で子どもらしいと私たちは安心する。

つまり、子役とは、子どもでありながら子どもではない存在、早熟であると同時に無垢な存在だ。

一見この2つのことは矛盾しているが、子役においてはこの両面が必要になってくる。役柄として無垢さを演じるには、早熟でなければならない。一方で、演じられる無垢さがわざとらしいものであってはならない。早熟と無垢のバランスを上手く保つことが必要だ。そのあたりを秋山は巧みにデフォルメし、戯画化している。そこになんとなく気づいていた子役のリアリティを目の当たりにさせられて、私たちは思わず笑いを誘われる。

賑わう子役界のいま

いま、そんな子役の世界が面白い。

もちろん、みちくんのようにコントのネタになるからというだけではない。そもそもロバート秋山が「上杉みち」という卓抜なキャラクターを生み出せたのも、いま子役の世界が盛り上がっているという確かな事実があるからだ。実際、近年の子役の世界は、次から次へと人気者が登場し、かつてないほどの賑わいを見せている。子役はいま、エンタメの世界においてこれまでにないくらい重要なポジションを占めるようになっている。その意味で、面白い。

たとえば、ＮＨＫの朝ドラや大河ドラマで主人公の幼少時代を演じて評判になる子役も増えた。この後でまたふれるように、そうした現象はいまに始まったことではない。だが、達者な演技によって子役はますます存在感を発揮し、世間を魅了するようになっている。

朝ドラ『おちょやん』（２０２０年放送開始）で杉咲花（彼女もまた、子役だったひとりだ）演じる主人公の幼少時代を演じ、評判になった毎田暖乃（のの）などは近年の代表的子役のひとりだろう。毎田の演技に魅せられた視聴者は多かったようで、その反響の大きさから同じ『おちょやん』のなかでは別の役柄で再登場することにもなった。さらに『妻、小学生になる』

（TBSテレビ系、2022年放送）では、石田ゆり子演じる大人の女性の人格が身体に宿るという難しい役どころを見事に演じた。場面によって中身が小学生であったり、娘を持つ母親であったりする。それをセリフ回しや表情、仕草で巧みに演じ分ける姿は、またまた世間の喝采を浴びた。

他のドラマで注目される子役も、もちろんいる。

松嶋菜々子が謎めいた家政婦を演じて大ヒットした『家政婦のミタ』（日本テレビ系、2011年放送）では、派遣先の一家の子ども役を中川大志や本田望結が演じた。中川は中学2年生の長男、本田は幼稚園年長組という役柄。バラバラになった家族のなかで悩み、それゆえに問題を引き起こしてしまう子どもをそれぞれ好演し、このドラマをきっかけに2人は一気に人気を集めるようになった。

この本田望結などもそうだが、演技面だけでなくタレントとしても、子役は活躍の場を広げている。あまりに落ち着き払った言動ゆえに「人生2周目？」と驚嘆され、バラエティ番組やCMへの出演も多い寺田心などは、そのひとりだろう。また同じ立ち位置の先輩子役には、芦田愛菜や鈴木福がいる。

芦田愛菜は、俳優業のかたわら有名進学校に通っていることなどから「才女」の評判も高い。そのイメージを生かし、さまざまな分野に大人顔負けの知識を持つ子どもたちが登場するバラエティ番組『サンドウィッチマン&芦田愛菜の博士ちゃん』(テレビ朝日系、2019年放送開始)のMCをサンドウィッチマンとともに務めている。またCM出演などもきわめて多く、存在感は日に日に増している。

鈴木福も同様に、俳優であるだけでなく、バラエティ番組出演はもちろんのこと、情報番組や報道番組のコメンテーターを務めるなど活躍の場は多彩だ。スーツ姿の彼を目にすることもめっきり増えた。

ともに2004年生まれの2人はもはや子役という年齢ではないが、現在の活躍が子役時代の共演作『マルモのおきて』(フジテレビ系、2011年放送)などで積み重ねてきた実績のうえに成り立っていることは間違いない。「あの愛菜ちゃんや福くんがこんなに大きく立派になって」というある種感慨深い保護者のようなまなざしで、多くの視聴者は2人を見守っているはずだ。

従属から自立へ~子役の歴史的変化

どんな名優も、素のままで子どもを演じることはできない。大人の俳優がメークなどの助けを借りて老け役を演じることはできる。だが先ほどふれた『妻、小学生になる』の逆パターン、つまり大人の身体に子どもの人格が宿るといった特殊な設定でもない限り、大人の俳優が子どもを演じることはできない。遠近法を利用した上杉みちの撮り方は、それを逆手にとったトリックによるギャグとも言える。

いずれにせよ、そういうわけで子役は映画やドラマづくりにおいていなくては困るものだ。だが別の角度から言えば、子役は「別枠」の扱いで、大人の俳優では現実的に埋められない部分を補うための従属的な存在にすぎなかった。異端的な存在だったと言ってもよい。

しかし、いまや子役は、先ほど述べたように子役のままで終わらず、演技面においても、またタレントとしても、「子役」の領域を越えた活躍を見せるようになった。大人の俳優やタレントのお株を奪うような存在になっている。

かつての子役は、たとえ爆発的な人気を集めたとしても、子役のままで終わるケースが珍しくなかった。結局、芸能界を去ることになった人気子役も少なからずいる。「子役は大成しない」という格言めいたフレーズも生まれた。そこにはしばしば、大人の俳優へと上手く脱皮することの難しさ、それゆえの挫折があった。そして年月を経た後に、メディアからは「あの人はいま」的な扱いを受ける。そんな悲哀が、子役にはつきまとっていた。

むろん過去にも、子役からスタートして大人になっても第一線で活躍し、大きな成功を収めた芸能人がいなかったわけではない。この後取り上げる高峰秀子や美空ひばり、中村メイコなどはその先達だ。だがその裏には、やはり数多くの挫折した子役たちがいた。とりわけ1960年代から1970年代くらいのテレビの黎明期には、そうしたケースも目立っていた。

ところが、1980年代後半以降、一転して子役の自立が始まった。子役たちは、演技においても、そしてひとりの人間としても自己を主張し、自分で自分の道を切り拓くようになった。後藤久美子や宮沢りえ、そして安達祐実などは、それぞれ生きかたは違えども、みなそうだった。

その結果、多くの子役にとって、「子役」と呼ばれる年齢を超えても第一線で活躍を続ける道筋ができた。いまや子役は、大人の俳優やタレントになるためのひとつの登竜門にさえなっている。

実際、元子役という経歴を持ち、いまでも出演作が絶えない人気俳優は少なくない。ジブリアニメ『耳をすませば』（1995年公開）で声優として主人公の相手役を務めた高橋一生、

『キッズ・ウォー』（CBC、TBSテレビ系、1999年放送開始）に出ていた井上真央、『女王の教室』（日本テレビ系、2005年放送）に出ていた志田未来や伊藤沙莉などは、有名だろう。言うなれば、〝子役の長寿化〟が始まったのである。芦田愛菜や鈴木福も、こうして開かれた道の上を歩んでいる。

本書の流れ

本書は、日本における戦前から現在までの子役の歴史を、特にテレビにおけるエンターテインメントの歴史、さらには戦後を中心とした日本社会の歴史という両面からたどることで、そうした子役の自立への変化がいつどのように、なにを背景にして起こったのかを探ろうとするものである。そのなかでは、子役たちが出演した作品だけでなく、「ステージママ」や「子どもの労働」をめぐる問題、また現実社会と作品の双方における家族観の変化といった点にもふれることになるだろう。

以下、本書の大まかな流れを示しておきたい。ちなみに、本書で扱う子役とは、中学生くらいまでの年齢の俳優を指す。ただ、実年齢は中学生でも作品中で高校生を演じる場合やその逆のケースなどについても、必要と考えれば言及するケースがある。

序章では、前史として高峰秀子、美空ひばり、中村メイコなど映画時代の子役を取り上げる。とりわけ、高峰秀子や中村メイコが戦前、そして美空ひばりが戦後直後という時代背景のなかで、どのようにして「天才子役」と呼ばれるようになったか、その経緯を明らかにする。

第1章では、テレビ時代の到来とともに人気を博した子役たちに焦点を当てる。1960年代、児童向けドラマや特撮ドラマが人気になるとともにNHKの朝ドラも始まり、子役の活躍の場もぐんと広がった。特に1960年代から1970年代にかけてホームドラマが隆盛を迎えるとともに、杉田かおるや坂上忍ら子役の達者な演技が注目されるようになる。テレビにおける子役の歴史のスタートである。

第2章は、1980年代に話を進める。やはり『北の国から』（フジテレビ系、1981年放送開始）のようなホームドラマにおいて、吉岡秀隆のような子役への注目が集まる一方で、『3年B組金八先生』（TBSテレビ系、1979年放送開始）のような中学を舞台にした学園ドラマが人気を博し、子役にとっての格好の活躍の場になっていく。伊藤つかさなどが典型的なように、それは同時に子役のアイドル化の始まりでもあった。

子役のアイドル化の流れは、1980年代後半から1990年代にかけていっそう進む。

第3章では、そのなかで後藤久美子や宮沢りえのような、「生意気さ」を魅力とするような〝自己主張する子役〟が誕生した流れを振り返る。同時に、子役が子役のままで終わらなくなっていく様子を、安達祐実の活躍なども併せてみていく。

第4章で扱う2000年代は、そうした子役の自立を受けて、子役を出発点に人気俳優へと成長する流れが確立されていく時期である。前出の『キッズ・ウォー』の井上真央、『女王の教室』の志田未来や伊藤沙莉、また神木隆之介、福原遥、加藤清史郎のような人気子役の登場を中心に、その様子をたどっていく。

2010年代から現在は、一方でオーディションから上白石萌音・萌歌の姉妹や浜辺美波がデビューし、もう一方で先述した芦田愛菜や鈴木福のような「賢さ」を身に付けた子役が登場するなど、子役の世界が成熟を迎えた時期である。第5章では、その充実ぶりについて改めてとらえ直してみる。

そして結びの章では、そうした子役の世界の成熟に対し、社会全体の子ども観の変化やインターネットの影響などメディア状況の変化がどうかかわるのかを考えてみたい。そのうえで、今後子役はどうなっていくのかについて大まかな見通しも立ててみたい。

それではまず、戦前まで時代をさかのぼってみることにしよう。

目次

第1章 テレビ時代の幕開けと子役 ～1960年代から1970年代まで 59

③ 朝ドラ、そしてホームドラマの時代と子役 83

第2章　アイドル化する子役　～1980年代の発展　99

第5章 成熟期を迎えた子役の世界 〜2010年代から現在へ 203

映画時代の子役たち
～戦前から戦後直後まで

▽高峰秀子
▽美空ひばり
▽中村メイコ

①日本映画史最大の子役スター、高峰秀子

子役スターを生んだチャップリン映画『キッド』

子役の歴史は古い。日本で見ると、能や歌舞伎のような伝統芸能の舞台にもしばしば子役は登場する。いうまでもないが、物語のなかで親子の関係が主題になることは、古今東西普遍的なことだろう。ジャンルを問わず、物語のあるところに子役は存在する。

むろん、映画でも子役は早くから存在した。ここはまず、この後の話全体にもかかわってくる海外の例からみておきたい。

『キッド』でチャップリンと共演したジャッキー・クーガンは、映画の子役におけるパイオニア的存在、かつ最大のスターとして知られるひとりだ。

『キッド』は、1921年公開のサイレント映画。チャップリン演じる放浪者が、道端に捨てられた赤ん坊を見つけ、自分で育てることにする。5年後、子どもを捨てたことを後悔する母親は、人気女優として成功している。そしてクーガン演じる男の子と偶然再会した彼女は、やがて彼が自分の子であることを知る。自分の手で育てた男の子に深い愛情を

抱くようになっていた放浪者は彼を連れて逃げたものの、結局彼は母親のもとに連れ戻される。物語は、放浪者がいまは母親と豪邸で暮らす男の子と再会するところで終わる。

こう書くとシンプルなストーリーだが、チャップリンの真骨頂でもある、ペーソスあふれるなかにも笑える場面や幻想的な場面が次々に展開されて飽きさせない。そこでクーガンは、幼いながらにチャップリンと息の合った名コンビぶりを見せた。たとえば、2人はちょっとずる賢い手段で生計を立てている。クーガン演じる男の子が石を投げて知らない家のガラス窓を割り、そこにチャップリン演じる放浪者が偶然を装ってガラス屋として通りかかる。そして修理代を稼ぐのである。

クーガンの両親は伝統的なアメリカの舞台ショー、いわゆるボードビルの芸人で、その子どもとして生まれた彼も子役として出演していた。その舞台を見たチャップリンによって『キッド』の相手役に抜擢された彼は、一躍スターの仲間入りを果たす（ディック・モーア『ハリウッドのピーターパンたち』、46頁）。

1914年生まれのクーガンは、『キッド』撮影時はまだ6歳。その後、1920年代から1930年代にかけては『オリヴァー・トウィスト』や『トム・ソーヤーの冒険』など、彼を主演とする映画が次々と制作され、筆箱やお菓子、子ども服など彼の写真や名前を使った数多くのキャラクター商品も売り出されるほどの圧倒的な人気ぶりだった。当時8歳にして週給2万ドル、ハリウッドで最もギャラの高い俳優のひとりだったとされる。

ただ、そこには売れっ子子役ならではの代償もあった。

ギャラなどの管理は親に任せていたクーガンだったが、後に子役として稼いだ多額の資産（約300万ドルとも400万ドルともされる）を母親と義父がすべて使ってしまっていたことが発覚する。23歳になっていたクーガンは親を訴え、裁判で彼の主張は認められたものの、戻ってきたのはわずかな額にすぎなかった。この一件を受けてカリフォルニア州は、1939年、子役が稼いだ収益の15％を子役のために残すことを義務付ける法律を制定する。その経緯から、この法律は通称「クーガン法」と呼ばれるようになった。

こうした金銭トラブルは、人気子役の周囲で往々にして起こる。特にそうした問題は、しばしば身内のトラブルになる。やはり海外の有名な例で言うと、1990年代『ホーム・アローン』などの世界的大ヒットにより「世界一有名な子役」と呼ばれたマコーレー・カルキン（1980年生まれ）も、別れた両親が彼の稼いだ莫大なお金をめぐって裁判で争い、泥沼化するということがあった。

こうした問題はメディアでスキャンダラスに扱われがちな分、どうしても子役には金銭トラブルのイメージがつきまとう。もちろんそうしたトラブルとは無縁な子役も少なくない。ただ、その背景に子役をめぐる家族の存在があることは紛れもない事実だろう。いわゆる「ステージママ」というのも、そのひとつだ。この「子役と家族」というテーマは、本書を通じて折にふれて考えていくことにしたい。

子役からスタートした大女優・高峰秀子

さて、同じ戦前の日本での子役事情はどうだっただろうか？

その頃最も成功した子役と言えば、やはり高峰秀子である。2014年の『キネマ旬報』では日本映画の「オールタイム・ベスト10　女優部門」第1位に選ばれるなど映画史に残る大女優だが、その活躍は幼いころから始まっていた。

高峰秀子は1924年、北海道函館市生まれ。本名は平山秀子（後に結婚して松山秀子）。祖父は蕎麦屋料亭などを経営する地元の名士だった。だが5歳の時に母親が結核で他界。以前から秀子を養女にと強く望んでいた叔母・志げの養女になった。そして一家で東京に移り住む。

ちなみに「高峰秀子」という芸名は、志げによって付けられたものである。志げには女活弁士だった時代があり、その時の芸名が「高峰秀子」だった。それをそのまま養女である秀子の芸名としたのである。元々芸事が好きで、自ら果たせなかった夢を秀子に託したかたちであり、思い入れの深さがうかがえる（「秀子」という本名も、志げが名付け親だった）。

したがって、当然のごとく養母は子役時代の高峰とは常に一緒だった。身の回りの世話を焼き、マネージャー役でもある、いわゆるステージママ的存在だったと言える。だが2人の特別な近さは、お金の問題も絡み、やがて2人のあいだに複雑な感情を伴った激しい確執を生んだ。大人の年齢になった高峰は、まだばりばりの人気女優だったときに「留学」という名目のもとフランスにひとりで長期滞在する挙に出るなど、事あるごとに養母からの自立を図るようになる（高峰秀子の視点からみたこのあたりの経緯は、自伝『わたしの渡世日記』に詳しい）。

話を戻すと、高峰秀子の映画デビューは1929年。5歳のときである。きっかけは、松竹が募集した映画のオーディションだった。

ある日、高峰は養父とともに松竹蒲田撮影所を見学に訪れた。それは偶然、『母』（監督は野村芳亭。『砂の器』の監督などで有名な野村芳太郎の父）という映画の子役オーディションのある日だった。その様子を見た養父は、とっさに60人ほど並んでいた受験者の子どもたちの列の最後尾に高峰を並ばせた。すると後日、彼女の元に「合格」の通知が届く。その日から、高峰秀子の撮影所通いの人生が始まった。「母が撮影所へ呼び出され、生まれて初めて手にする「台本」を受け取って戻って来た瞬間から、私は、好むと好まざるとにかかわらず「子役」という職業婦人（？）になってしまったのである」（高峰秀子『わたしの渡世日記』上、34－36頁）。

子役・高峰秀子の凄み

『母』は、鶴見祐輔（哲学者・評論家として著名な鶴見俊輔の父）の同名小説の映画化。当時松竹では女優が主役を務める「女性映画」の製作が盛んで、その一作である。内容は、夫を亡くした女性が、幼い2人の子どもを抱えながら世間の荒波のなかを懸命に生きる姿を描いたいわゆる「母もの」。主人公の母親役は、当時松竹のスター女優のひとりだった川田芳子が演じた。高峰秀子は、2人きょうだいの妹役である。無邪気で茶目っ気たっぷりな少女役を表情豊かに演じていて印象的だ。

この作品に関して、子役・高峰秀子の凄みを感じさせる逸話がある。

『母』の撮影中、高峰は志げとともに川田芳子の自宅に招かれたことがあった。そこには、

「振袖来てデレ〜ッとして、側に母親がべったりついて世話してる」川田がいた。高峰は、それを見たとき、「あ、この人ダメだな」と思ったという。実際、この頃を境に川田芳子の映画出演は大きく減っていった（斎藤明美『高峰秀子 解体新書』、18頁）。

当時の高峰秀子が5歳だったことを踏まえれば、にわかには信じ難い気もする話だ。しかし、そう思ったことをよく覚えていると高峰は断言する（同書、18頁）。子役・高峰秀子が、いかに冷静な目で周囲の大人のことを見ていたかの証左となるエピソードだろう。

ともあれ、1929年12月に封切られた映画は大ヒットした。そして高峰秀子もこのデビュー作で人気が沸騰し、瞬く間に売れっ子子役になる。翌1930年には5本、そして1931年には実に9本の出演作が公開された（小津安二郎の『東京の合唱』もその1本）。面白いのは男の子役だった映画も何本かあったことで、いかに引く手あまただったかということとともに、すでに演技の幅の広さもうかがえる。

その演技力と人気は、当時のハリウッドにおける子役のトップスター、シャーリー・テンプルとも比べられるほどだった。実際、シャーリー・テンプルが来日した際には、「東西の天才子役共演」として同じステージに立ったこともある（同書、24頁）。

シャーリー・テンプルは、1928年アメリカ・カリフォルニア州生まれ。1932年、

4歳でスクリーンデビューする。そして1933年にフォックス・フィルム（現・20世紀フォックス）と7年契約を結ぶと次々に主演作品が公開され、アメリカ中を熱狂させた。彼女の人形などキャラクターグッズも売れに売れ、当時のフランクリン・ルーズベルト大統領もラジオで、「この大恐慌のさなかに、アメリカ人がわずか15セントで映画館に行き、ベイビー（引用者注：シャーリー・テンプルのこと）の笑顔を見て苦労を忘れられるとは、すばらしいことだ」と絶賛したほどだった（シャーリー・テンプル・ブラック『シャーリー・テンプル（上）』、106頁）。1935年には、その功績が称えられ、アカデミー賞特別賞を受賞している。

初主演作『綴方教室』

一方、日本のトップ子役となった高峰秀子の初主演作が、1938年公開の『綴方教室』である。当時14歳。このとき高峰は、松竹から引き抜かれて東宝に移籍していた。『綴方教室』は、同名のベストセラーが原作。当時、教育現場では生活綴方運動と呼ばれる運動が活発におこなわれていた。児童文学者・鈴木三重吉の雑誌『赤い鳥』などに端を発するこの運動は、子どもに自分たちの生活実感に即した作文を書かせることを通じ、子どもの精神的成長を促そうとするものだった。

そして1937年8月、東京の下町・葛飾区に住む小学4年生・豊田正子の作文をまとめたものが『綴方教室』というタイトルで出版され、大ベストセラーになった（豊田正子は、刊行時は14歳）。それを原作にしたのが、この映画である。

映画のなかで、高峰秀子は著者・豊田正子をモデルにした正子を演じている。正子は、東京下町の貧しい長屋に住むブリキ職人一家の長女。小学校の6年生だ。先生の教えで作文がみるみる上達し、正子自身も文章を書くことに喜びを見出すようになる。そして先生が正子の作文を『赤い鳥』に投稿したところ、なんとそれが掲載されることに。一方、家計は苦しくなるばかり。父親の仕事もさっぱりで、米を買うのにも苦労するほどだ。また正子の掲載された作文が、教えの通り身の回りの会話をありのままに綴ったものだったため、そこで噂話の当事者にされていた金持ちが怒ってしまう。だが先生のとりなしでなんとか騒動も収まり、正子は文章を書き続けることを決意する。

高峰秀子は生涯を通じて多彩な役柄を演じたが、庶民の暮らし、そこに生まれる哀歓を描いた作品への出演が多かった。その点、初主演のこの『綴方教室』も例外ではない。貧しく苦労の多い生活のなかでも、たくましく、そして健気に生きる主人公と家族の姿が、作文を通した子どもの成長を通して活写された作品である。

先述のシャーリー・テンプルは、1950年結婚したのを機に、22歳で映画界から引退した。高峰秀子も若い頃から折にふれて引退を考えたことがあったようだが、30歳で映画監督・脚本家の松山善三と結婚しても俳優業はやめず、結局55歳まで続けた。出演映画は300本を超える。その後はエッセイの執筆などで人気を博すことになる。

『二十四の瞳』と高峰秀子の子役観

大人になってからの出演作としては、成瀬巳喜男監督の『浮雲』(1955年公開)が有名だが、木下惠介監督作品のイメージも強い。日本初の本格的カラー映画でストリッパー役を演じた『カルメン故郷に帰る』(1951年公開)や佐田啓二と灯台守夫妻を演じ、主題歌とともに大ヒットした『喜びも悲しみも幾年月』(1957年公開)など、高峰秀子は木下作品に欠かせない存在だった。

そのなかの一本に、『二十四の瞳』がある。

壺井栄の同名小説が原作で、これまで何度も映画やドラマになっているので内容を知るひとも多いだろう。島の小学校の分教場に赴任した大石先生と12人の子どもたちの戦前から終戦までの20年に及ぶ交流を描いた作品で、高峰秀子が大石先生を演じた木下版は19

54年に公開されて記録的なヒットを収めた。

映画は、小豆島が舞台。美しい自然のなかで大石先生と教え子である子どもたちのほのぼのとした心温まる日常が描かれる一方で、貧困や戦争によって大石先生と子どもたちの人生が大きく翻弄される様が容赦なく描かれる。ある女子生徒は貧しいがゆえに幼くして奉公に出され、また別の女子生徒は当時不治の病だった結核によって若くして亡くなる。そして戦争では男子生徒のほとんどが戦死し、生き残った者も戦闘の際の怪我で失明してしまう。大石先生もまた夫が戦死、さらに幼い女の子を戦後の食糧不足のなかで死なせてしまう。

高峰秀子は、当初12人の子役たち（成長してからのシーンに出る子役もいるので、実際は24人いた）を相手にすることに不安を感じていた。「私自身がイヤイヤ子役をしていた経験があるせいか、子役という人物がキライである。というよりも、子役を相手に芝居をすることが苦手、と言ったほうが当たっていたかもしれない」（前掲『わたしの渡世日記』下、308頁）。ただ、子役は苦手でも、子どもが嫌いなわけではなかった。「24人の子どもたちはみんな可愛かった。（中略）子どもたちが私をまっすぐに一途に瞠（みつ）める瞳には、なんとなくこっちが目を伏せたくなるような力と、清らかさがあった」（同書、312頁）。

この回想は、「名子役」と謳われた高峰秀子自身が子役という存在をどう見ていたかが垣間見えて興味深い。子どもが演技をするということ自体に、不自然さ、わざとらしさを感じるひともなかにはいるだろう。だが子役も根本ではひとりの子どもであり、子どもにしか自然に出せない純真さがある。世間は、子役にそうしたものを求める。では、子役には演技は必要ないのか？　そこには、「子役」という存在が本質的にはらむ、フェイクとリアルの両義性、ある種の自己矛盾がある。自身子役だった高峰秀子もまたそう感じる部分があったからこそ、このように記したと思える。

②「歌う子役」美空ひばりと戦後復興

加藤和枝が「美空ひばり」になるまで

『二十四の瞳』が描いたように、戦争は、大人だけでなく子どもたちにとっても身近な、そして過酷な現実だった。むしろ、弱い立場にある子どもにこそ、多くの犠牲を強いた。

そしてその影響は、戦争が終わっても続いた。

そんな子ども受難の時代に子役として華々しく世に登場したのが、美空ひばりである。美空ひばりと言えば、歌手のイメージが強いだろう。実際、「歌謡界の女王」と呼ばれたように、昭和を代表するアイコン的歌手であることは間違いない。だが人気歌手への飛躍のきっかけとなったのは、子ども時代の映画出演だった（斎藤完『映画で知る美空ひばりとその時代』、16頁）。劇中で歌うことで、美空ひばりは国民的歌手への道を歩み始めたのである。

美空ひばりは、1937年横浜市磯子区生まれ。本名は加藤和枝。実家は魚屋を営んでいた。歌や芝居が好きだった両親のもとで、ひばりは幼いころから抜群の歌の才能を発揮する。父親が出征するときに流行歌「九段の母」を歌ったところその歌声が評判になり、しばしば出征兵士の壮行会などに呼ばれて歌うようになった（美空ひばり『ひばり自伝』、19頁）。

そんなひばりの歌の才能に誰よりも惚れ込んだのが、母親の喜美枝だった。後にひばりとの関係を「一卵性母娘」とも称された喜美枝は、戦争が終わるとひばり専属の楽団を結成する。彼女がその楽団につけた名前が「美空楽団」だった。喜美枝は詩を書くことを好み、そこでよく「空」や「星」をモチーフにしていた。そこで娘に「空のように広々とした気持ちで、どこまでも行って欲しい」という思いで「美空和枝」という芸名をつけた。

こうして、ひばりは自前の楽団とともに活動を始めることになった。喜美枝はひばりのそばにずっと付き添うだけでなく、時には興行を仕切るプロデューサーでもあった。

1947年10月には日劇小劇場の伴淳三郎のショーに出演。このとき、芸名も「美空和枝」から「美空ひばり」になった。命名したのは、やはり母親の喜美枝である。ひばりが5月生まれで、さわやかな気候に天高く舞い上がってどこまでもさえずり続けるひばりのイメージが「美空」にもぴったりというのが、その理由であった（同書、64頁。命名者については諸説ある）。

ただ、道のりは決して順調だったわけではなく、芸能界の下積みの大変さも味わった。また地方巡業の際、移動のバスの転覆事故に遭い、ひばりが九死に一生を得たこともあった。ところがそうしたことから歌手への道をあきらめかけていた1948年5月、横浜国際劇場という大劇場からの出演オファーが舞い込む。人気歌手・勝太郎の舞台に出る子役の仕事だったが、歌を歌う場面もあった。またこのときに、師とも言える存在に後々なるミュージシャン・川田晴久と出会っている。そして1949年1月には、当時人気絶頂の歌手・灰田勝彦が主演するレビューで、日劇の舞台を踏むことになる。

『悲しき口笛』、『東京キッド』出演で人気歌手に

そのステージなどで子どもながらに笠置シヅ子の「東京ブギウギ」などを歌う姿が評判を呼び、ひばりは映画にも出演するようになった。何作か脇役で出演（ただし、その場合も歌を披露している）した後、初の主演映画のチャンスが巡ってくる。1949年公開の『悲しき口笛』である。

物語の舞台は終戦直後の横浜。復員してきた男性（原保美）は、生き別れになった妹・ミツコ（美空ひばり）を探す。一方、妹もまた、兄が作った曲「悲しき口笛」だけを手がかりに、兄を探している。そこに戦災孤児のミツコの面倒を見てくれる女性（津島恵子）も絡んでくるというストーリーである。

有名なのは、当時12歳の美空ひばりが、シルクハットにタキシード姿でブルース調の「悲しき口笛」を歌うシーンだろう。その歌声は子どもとは思えない情感にあふれ、誰しもが感嘆するようなものだった。映画自体、このシーンを盛り上げるためのものだったとさえ言える。実際、当時の映画ポスターもシルクハットにステッキ、タキシード姿でポーズをとるひばりを前面に押し出したものだ。キャッチコピーには、「爆弾娘登場！　音楽メロドラマ！」の文字が踊る。

まだテレビの本放送が始まる以前のこの時代、もちろんラジオや公演もあったが、全国の人びとが歌う歌手の姿を見る機会になっていたのはなんといっても映画だった。いわば後のテレビの歌番組の役割を果たしていたのが、こうした歌入りの映画、歌謡映画だった。

美空ひばりのレコードA面デビュー曲となった主題歌「悲しき口笛」は、映画の効果もあり45万枚を売り上げる大ヒット。ひばりの名も、これで一躍全国に知れ渡ることになった。

13歳のときの主演映画『東京キッド』（1950年公開）でも、そのパターンは踏襲された。マリ子（美空ひばり）の暮らす母子家庭に、死んだはずの父親（花菱アチャコ）が突然アメリカから帰ってくる。しかし、マリ子は父親と馴染めない。そのうち、母親も亡くなってしまう。家を飛び出し、以前親切にしてくれた女性（高杉妙子）のもとに身を寄せる。そして流しの三平（川田晴久）とともに、夜の店で歌を披露し人気者になるマリ子。だがそのため父親に見つかってしまう。家に戻ることを拒むマリ子だったが、やがて誤解が解けて和解。マリ子は父親とともにアメリカに旅立っていく。

エノケンこと榎本健一も出演するこの映画はジャンル的にはコメディであり、笑わせる場面も多い。だが中心は、やはり美空ひばりの歌である。いま述べたようなストーリー展開のなかで、ひばりはたびたび歌を披露する。そのなかには、「悲しき口笛」のような持ち歌だけでなく、「湯の町エレジー」のような他の歌手のヒット曲もある。

そして今作の主題歌「東京キッド」は、重要な場面でシチュエーションを変えて2度歌われる。「悲しき口笛」からは一転して軽やかで楽しい曲調の同曲も、映画公開に先立ってシングル発売されて大ヒット。美空ひばりの代表曲のひとつになった。

美空ひばりが象徴した希望

ひばりの歌は、彼女の演じる役柄、そしてその背景にある時代状況によって一層こころに響くものになっていた。その役柄には、敗戦後まもなく子どもたちが置かれた過酷な状況が色濃く反映されている。

『悲しき口笛』では、ひばりは戦災孤児という役柄だった。当時戦争で親を失った子どもたちは、自活する術もなく、少なからず浮浪児になった。『東京キッド』のひばりの役柄も、戦災孤児ではないが、親から離れ独りぼっちになる。実際、映画のなかでも当初は浮浪児として男の子の格好で過ごす。浮浪児たちは、街頭で靴磨きなどをしてなんとか生き延びた。『東京キッド』公開時のポスターでも、ひばり演じるマリ子が靴磨きのブラシを片手に持つ姿が大写しになっている。

歌の「東京キッド」のなかの有名なフレーズ「右のポッケにゃ　夢がある　左のポッケにゃ　チューインガム」には、そうした厳しい環境のなかでの子どもにとっての希望が表現されている。「夢」は、「チューインガム」が暗示するようにアメリカと結びつくものだった。敗戦直後、民主主義の国・アメリカは理想化された。たとえ身寄りがなくとも、自分の努力と才能で一人前になれるという思いを抱かせてくれる理想郷がアメリカだった。ひばりが父親とともにアメリカに旅立つ『東京キッド』のラストは、そのことを物語る。

そしてもうひとつ、敗戦で打ちひしがれた日本人にとって希望を感じさせてくれたのが流行歌だった。

終戦直後大ヒットした並木路子「リンゴの唄」（1946年発売）も新しい時代への希望を歌ったものだった。そしてラジオでは、戦後の民主化を象徴する2つの歌番組が企画された。1945年に放送された『NHK紅白歌合戦』の前身『紅白音楽試合』と、1946年1月に始まった『のど自慢素人音楽会』、現在の『NHKのど自慢』である。前者が男女対抗という形式によって、そして後者はプロではなく素人でも放送で歌うことができるという点で、ともに歌による民主化を表現していた。

「天才少女歌手」美空ひばりは、そうした時代の潮流のなかで登場した。映画のなかで苦難に屈しない気丈な子どもを演じることで、彼女の歌は時代と共鳴し、焼け跡からの復興、その希望の象徴となったのである。

「歌う子役」の系譜

子役という観点で言えば、美空ひばりは、最も成功した「歌う子役」だったと言えるだろう。ほかにも子役が歌ってヒットした曲は少なくない。

高峰秀子も、出演作のなかでよく歌った。『銀座カンカン娘』（1949年公開）の同名主題歌が大変有名だが、これはすでに高峰が20代のとき。ただ、1940年公開の野球を題材にした映画『秀子の応援団長』などでも、15歳の高峰秀子がチームへの応援歌「青春グラウンド」を歌う場面がある。彼女は実演でも全国を回っていて、その意味では「歌う映画スター」でもあった。

時代を進めれば、1969年には当時6歳の皆川おさむが歌った「黒ネコのタンゴ」が大ヒットした。オリコン週間チャートでは、驚異的とも言える14週連続1位。レコードを200万枚以上売り上げた。原曲はイタリアの童謡で、そのカバー版になる。「黒ネコのタ

ンゴ　タンゴ　僕の恋人は黒いネコ」と歌うサビが印象的な一曲だった。皆川はひばり児童合唱団の所属で、演技よりは音楽志向。現在は、伯母の跡を継いでひばり児童合唱団の代表を務めている。

1970年代では、「山口さんちのツトム君」（1976年発売）が思い出される。きっかけは、NHK『みんなのうた』。そこから火がついて、ヒットに至った。ここで歌っていたのはNHK東京児童合唱団所属の川橋啓史だったが、競作となり、当時NHKの朝ドラ『鳩子の海』（1974年放送開始）の子役で人気が沸騰していた斉藤こず恵が歌ったバージョンがヒットした（朝ドラの子役については、この後随所でふれる）。

ほかにも、藤岡藤巻とともに『崖の上のポニョ』（2008年公開）の同名主題歌を歌って『NHK紅白歌合戦』にも出場した大橋のぞみがいる。もちろん、芦田愛菜と鈴木福の「マル・マル・モリ・モリ!」（2011年発売。歌唱名義は「薫と友樹、たまにムック。」）も忘れるわけにはいかない。最近では、「パプリカ」（2018年発売）で日本レコード大賞を受賞したグループ・Foorinも、住田萌乃や新津ちせなど有名子役がメンバーにいた。

このように、子役が歌うパターンは現在も相変わらず盛んだ。そしてヒット曲も少なくない。歌は子役の魅力のひとつとして世間に定着していると言えるだろう。

「畸形的」「バケモノ」と批判された子ども時代の美空ひばり

ただ、子ども時代の美空ひばりの歌については、称賛ばかりだったわけではない。むしろ、これほど批判の対象になったケースも珍しいだろう。

先ほど、『NHKのど自慢』は、戦後民主主義を象徴する歌番組だと書いた。その意味では、当然万人に開かれたものであるはずだった。だが1946年12月、まだ素人だった美空ひばりが番組の予選に参加したとき、〝事件〟は起こった。

そのとき、ひばりは当時ヒットしていた「悲しき竹笛」(「リンゴの唄」という説もある)を歌った。もちろん、すでに圧倒的な歌唱力だった。だが、鐘は鳴らなかった。すなわち、合格でも不合格でもなかった。理由は、選曲、そしてひばりの歌が〝子どものもの〟ではなかったからである。当時の常識(ある程度いまもそうかもしれないが)では、子どもは童謡や唱歌など、子ども用につくられた曲しか歌うべきではなかった。しかも「低俗」と考えるひともまだまだ多かった流行歌など、もってのほかだった。だから、ひばりの歌は、そもそも採点の対象にされなかったのである。

その後ひばりが脚光を浴び、活躍するようになると、知識層を中心に「流行歌を唄う子ども」であるひばりへの批判の声が巻き起こるようになる。

「舞台でみるとそんなしわがれた声がいたいけな子供の肉体から出てくるので不思議な戸惑いを感ずる。こういった「畸形的な大人」を狙った小歌手が目下、大いに持て囃されている」（劇作家の飯沢匡、『婦人朝日』1949年10月号）、「近頃でのボクのきらいなものはブギウギを唄う少女幼女だ。（中略）いったい、あれは何なのだ。あんな不気味なものはちょっとほかにはない。可愛らしさとか、あどけなさがまるでないんだから怪物、バケモノのたぐいだ」（詩人のサトウハチロー、『東京タイムズ』1950年1月23日付け記事）（いずれも斎藤完『映画で知る美空ひばりとその時代』より引用）。

「畸形的」「バケモノ」といった苛烈な表現からもわかるように、それはもはや批判を越えたバッシングだった。知識層から見れば、「子どもらしさ」という常識の枠を突き破り、しかも大衆の喝采を受ける美空ひばりのような存在は、恐れをも抱かせるものだったことがうかがえる。

程度の問題はあれ、それは、子役があまりに早熟に見えた場合の世間の典型的な反応でもある。子役に求められるのは〝純粋無垢な子ども〟であり、その枠から外れる面を子役が見せたとき、拒否反応とまではいかなくとも世間は戸惑う。それがその場だけのことで終わる場合もあれば、この美空ひばりのように激しいバッシングになることもある。ただ、純粋無垢さは子役にとってあくまで表現であり、本質的に虚構である。その意味では、子役である限り本質的に純粋無垢ではあり得ない。先述したように、子役がはらむ自己矛盾である。

ただし美空ひばりの場合、知識層からは批判されたとしても、それをはるかに上回る大衆の圧倒的な支持があった（ジャーナリストの竹中労は、この大衆の側に拠って立つ視点からひばりを擁護した。『完本　美空ひばり』を参照）。

そこにはやはり、敗戦直後という特異な状況があったと言える。

敗戦で打ちひしがれ、一面の焼け野原という文字通りゼロの状態から出発したその時点の日本人は、ある意味大人でありながら〝子ども〟だった。だから、そこにすい星のごとく現れた「歌う子役」美空ひばりは、大人の歌を鮮やかに歌うことで逆に大衆を魅了した。戦後の復興は日本人がもう一度〝大人〟になろうとする過程であり、美空ひばりはその「子どもから大人」へのプロセスを凝縮して体現してくれる存在だった。そのなかで知識層の美空ひばりへの評価も、最終的に肯定的なものへと変化していくことになる。

③映画からテレビへ

～喜劇専門の子役だった中村メイコ

2歳で映画デビューした中村メイコ

もうひとり、戦前から戦後直後に活躍したスター子役として、中村メイコにもふれておきたい。彼女もまた、子役時代だけでなく大人になってからも第一線で活躍を続けた女優だが、子役としてのありようは高峰秀子や美空ひばりとは対照的な面があった。

中村メイコ（「中村メイ子」と名乗った時期もある）は、1934年東京・杉並区生まれ。本名は中村五月（さつき）。5月生まれであることからこの名前が付いた。芸名の「メイ」も、そこに由来する。父の中村正常は、菊池寛門下で戦前から活躍したナンセンスユーモアを得意とする作家。母のチエコは、新劇の元舞台女優だった。

子役になったきっかけは、父親とともに載った雑誌『アサヒグラフ』のグラビアであった。よくある有名人のお宅訪問の写真だったが、それをたまたま見た映画スタッフの目に留まり、2歳8か月で映画デビューすることになった（中村メイコ『メイコめい伝』、103－104頁）。

その映画とは、P．C．L（現・東宝）製作の『江戸っ子健ちゃん』（1937年公開）。原作は横山隆一の同名漫画で、そこに登場する「フクちゃん」という大学帽子を被った男の子のキャラクターが大人気となっていた。スタッフは、主人公となるそのフクちゃん役を探していたのである。当時、2、3歳の子役はまだいなかった。ちなみに高峰秀子は、すでに10代前半だった（高峰は、この映画にも出演している）。そうして子役探しが難航するなか偶然スタッフの目に留まったのが、中村メイコであった（中村メイコ『五月蝿い五月晴れ』、31－32頁）。ここから彼女の子役人生が始まる。

「出演は喜劇に限る」

まだ3歳にさえ満たない中村メイコの出演には、当然両親の承諾が必要だった。ただ、中村メイコが子役をするにあたって、父親の正常は条件をつけた。

それは、「出演は喜劇に限る」こと。実際、『江戸っ子健ちゃん』は、「喜劇王」と呼ばれた榎本健一が出演する喜劇だった。

先述したように、この時代の子役は「母もの」に起用されることが多く、「おナミダ頂戴映画の、文字通り〝子道具〟」のような存在だった。ユーモア作家である正常は、常々「悲劇はいけませんゾ。人生は喜劇的でなければなりません」というのが口癖で、したがって

「この種の子役が大嫌い」だった（前掲『メイコめい伝』、104－105頁）。

そして中村メイコがイガグリ頭にして男の子役を演じたこの映画はヒット。彼女のもとには次々と出演依頼が舞い込むようになる。母親は、前出のシャーリー・テンプルを参考に、当時まだ珍しかったパーマネントを普段のメイコにかけさせていた。それもあり、中村メイコは、「日本のテンプルちゃん」というキャッチフレーズをつけられたりした（前掲『五月蝿い五月晴れ』、34頁）。

こうして売れっ子になった中村メイコだが、ここで父の正常は再び条件をつけた。

ひとつは、「必ずメイコの自由意思に任せろ」というもの。

そこにはまず、付き添っている母親が、子どもの気持ちを顧みないようなステージママになってほしくないという気持ちが込められていた。母親の役割は、本人が演技の仕事に興味を示すかどうかを見定め、健康を害さない程度の範囲内で仕事をさせることだと、正常は考えた（同書、37－38頁）。

もうひとつは、「お金はいただくな」というもの。

それは、「子どもに金を稼がせるものではない」という考えと、ギャラの額が大きくなることで家計を子どもに頼ってしまうことがあってはいけないという考えからのものだった。

その代わり、出演報酬は、アンデルセン童話全集やフランス人形などのプレゼントだったという（同書、38－39頁）。

本章の冒頭でふれたジャッキー・クーガンのケースなどと比べると、まさに対照的である。また、母親との関係がとりわけ密だった高峰秀子や美空ひばりとも異なる。かなり特殊だったかもしれないが、少なくともこの中村メイコのケースからは、戦前の時点ですでにステージママやお金の問題が意識されていたことがわかる。

中村正常は、戦時下でも国家への協力を拒んで断筆するほどの、一貫した反戦思想の持ち主であった。1941年12月8日、すなわち真珠湾攻撃による太平洋戦争開戦の日など、メイコに小学校を休ませたほどである。そのように徹底して権力や権威からの自由を尊ぶ正常ならではの、メイコの子役活動への考えかただったと言える。彼女は子役時代、劇団や映画会社に一切所属することのないフリーランスだった。

「子役がキライ」な理由

1930年代後半から1940年代前半は、榎本健一や古川ロッパ（緑波）がスターとして人気を集めた喜劇全盛期。喜劇専門の子役だった中村メイコも、先述のように引く手あまただった。1940年には榎本健一主演『孫悟空』、古川ロッパ主演『ロッパの駄々ッ子父ちゃん』など10本近くの映画に出演した。その人気ゆえ、喜劇ではない映画からも出演依頼があった。ハンセン病をテーマにした『小島の春』で、ハンセン病患者の娘であるがために周囲からいわれなき差別を受けるという役柄だった。

こうして時代を代表する名子役となった中村メイコだが、大人になってからは子役と演技をすることが苦手だと言う。

「そんな女優への道を歩いてきた私（引用者注：中村メイコのこと）は、おかしなことに子役がキライです。できるだけ、子役を使わないドラマに出演するようにしているほどです」。

こう語る中村メイコは、その理由を「仕事の場での子どもたちを見ると、すぐに小さなころの私のことがよみがえってきて、なにかひどくイヤなものでも見ているような気分になるから」だとする。そして、『子ども』から『子役』になる、ということは、子どもらしさを失うことです」と指摘する（前掲『メイコめい伝』、107－108頁）。

前述のように、子役をしていたからこそ子役が嫌い、苦手という感覚は、高峰秀子にもあった。そこには、大人の俳優になって自分の子役時代を客観視できるようになったとき、同じ俳優として見えてくるものがあるということだろう。

そして中村メイコの場合、そのように子役について考えるようになったのは、大人になって舞台の仕事に魅せられるようになってから、ということがあった。

中村メイコは、作曲家の神津善行と23歳で結婚。そして出産から子育ての時期は、俳優としての仕事量をセーブしていた。だが30代後半、三木のり平の舞台を見て衝撃を受け、本格的に舞台に復帰することを決意する。そして三木と共演しつつ、厳しい演技指導も受けた。さらに森繁久彌や小沢昭一などとも共演し、演技の強者たちの投げるボールを臨機応変に打ち返す「女房役」の面白さに目覚めていく（前掲『五月蝿い五月晴れ』、255－256頁）。

いずれにしても、中村メイコの子役観には、ステージママに象徴される家族との関係性の問題でもなく、また子どもが多額のギャラを得ることに伴う金銭の問題でもなく、子どもが演技をするということにまつわる根本的問題が浮き彫りになっている。自由意思を尊重され、親がギャラを拒否した中村メイコにあっても、子どもが演技をすることに必然的に伴う矛盾、すなわち「子どもらしさ」を失った子役が「子どもらしさ」を表現しなければならない矛盾という問題は最後まで残ったということだ。

マルチタレントの草分けだった中村メイコ

話が先に進んでしまったので、少し時を戻そう。

中村メイコは、戦後も子役として、さらに子役の年齢をすぎても活躍を続けた。その場は映画や舞台だけでなく、ラジオやテレビといったマスメディアにも広がり、彼女はマルチタレントのパイオニアのような存在になった。その点、同年代の黒柳徹子（1933年生まれ）に近い。

ラジオでは、1953年に始まった『お姉さんといっしょ』（NHK）が話題を呼んだ。幼児向けのラジオドラマで、中村メイコは開始時19歳だったが、劇中に出てくる小さな男の子はもちろん、お姉さん、お兄さん、語り手の4役の声をひとりで演じた。しかも当時は生放送で、それらの声を瞬時に演じ分けた。時にはおばあちゃんの声まで自分でやり、中村メイコは「七色の声」の持ち主として評判になった（同書、118－120頁）。

自ら歌を歌い、大ヒットもした。曲は、「田舎のバス」（1955年発売）。作詞・作曲は三木鶏郎である。三木は、風刺コントで人気になったラジオの音楽バラエティ『日曜娯楽版』（NHK、1947年放送開始）を国民的人気番組にした放送作家の草分け的存在で、同時にCMソング第一号をつくるなど多才な音楽家でもあった。

「田舎のバス」も、三木が携わったラジオ番組『みんなでやろう冗談音楽』（文化放送、1954年放送開始）のなかで歌われたもの。「田舎のバスは　おんぼろ車～♪」という歌い出しで始まる曲は、いかにも戦後の軽快で明るい雰囲気に満ちている。聴きどころのひとつは、中村メイコによるバスガイドのセリフ。最初は標準語で話しているが、途中で東北訛りに切り替わる。ここでも、彼女の声色の技が生かされていた（文化放送『三木鶏郎の世界』、2014年10月31日付け記事）。

テレビにも、実験放送の時代から出演していた。

日本では、1939年にNHKによる実験放送がスタート。1940年には、初のテレビドラマ『夕餉前』が放送された。続く第2弾が『謡と代用品』という作品で、こちらに当時6歳の中村メイコは出演している。また同年のコメディドラマ『ほがらか日記』にも出演した。

そして1953年、いよいよテレビの本放送が始まった。すでに10代の終わりになっていた中村メイコは、ドラマのみならず、バラエティや歌番組、トーク番組の司会など多方面で活躍するようになる。その端的な例が、『NHK紅白歌合戦』の司会だ。中村メイコは、20代の若さで1959年から1961年まで3年連続で紅組司会を務めた。

また、バラエティ番組『お笑いオンステージ』（NHK、1972年放送開始）のなかのコメディを演じる「てんぷく笑劇場」のコーナーでは、長年三波伸介と夫婦役を演じた。これなどは、中村メイコがテレビで「喜劇女優」として本領を発揮した代表的な仕事のひとつだろう。

もちろん本人の資質もあっただろうが、子役時代から喜劇で場数を踏んできた分、当意即妙の掛け合いに強いというアドバンテージはテレビにおいて大きな強みになった。いわば、テレビ全般に必要なある種の〝反射神経〟が鍛えられていた。そのことが、むろんコントもそうだが、テレビの司会やトークにおいても中村メイコのタレント性を際立たせた。その結果のマルチタレントとしての成功ということだろう。

映画からテレビの時代へ

ここまでみてきた3人は、子役として成功しながら、子役のままでは終わらなかった偉大な先駆者であったと言える。ただ、基本的に俳優専業だったのは高峰秀子だけで、美空ひばりは歌手、中村メイコはタレントとしても活躍を続けた。

とはいえ、3人の出発点が映画だったことは共通している。それに対し、1960年代に入ると、映画からデビューというケースがもちろんなくなるわけではないが、時代の趨勢としてはテレビ出身の子役が主流になってくる。そこには当然、映画とテレビのメディアとしての違いが多少なりとも反映されることになる。

一口で言えば、映画とテレビの違いは、「遠さ」と「近さ」のそれだ。つまり、一般大衆にとっての距離感の違いである。「スター」と「アイドル」の違いと言ってもいい。家にいながらにしてテレビを見る視聴者にとって、親近感こそが大事な魅力になる。そして、大人の俳優よりも純真無垢な役柄を演じる子役のほうが、より身近に感じられる存在になる。つまり、そもそもの立ち位置からして「アイドル」に近い。

そのことは、子役の歴史に新たな局面をもたらした。次章以降で、そのあたりを見ていくことにしたい。

第1章

テレビ時代の幕開けと子役

～1960年代から1970年代まで

▽吉永小百合▽和泉雅子
▽松島トモ子▽中山千夏
▽四方晴美▽宮脇康之▽江木俊夫
▽水谷豊▽斉藤こず恵▽坂上忍
▽キャロライン洋子▽山田隆夫
▽杉田かおる▽三原順子

①映画とテレビの過渡期に生まれた人気子役たち

あの吉永小百合も子役だった

1950年代は、映画からテレビへの過渡期と言える。

1953年にテレビの本放送が始まったものの、まだまだ映画の人気は衰えを見せてはいなかった。映画館の入場者数がピークを迎えるのは1958年のことである（日本映画産業統計より）。だが1959年の皇太子ご成婚パレードなどの国家的イベントの中継を通じ、一気にテレビの普及が加速し始める。そうした状況のなかで、子役においても活動の中心を映画にするタイプと、テレビを中心にするタイプが共存することになった。

言わずと知れた吉永小百合も、スタートは子役だった。1945年東京生まれの吉永の子役デビューは、ラジオドラマの『赤胴鈴之助』（ラジオ東京［現・TBSラジオ］、1957年放送開始）である。主人公の少年剣士・赤胴鈴之助の成長を描いた人気漫画が原作で、吉永は放送開始時まだ小学生。1957年にスタートしたテレビドラマ版にも出演し、これがドラマデビュー作となった。

続いて出演したドラマ『まぼろし探偵』（KRT［現・TBSテレビ］、1959年放送開始）もヒット。1960年公開の映画版にも出演した（映画デビュー自体は、1959年公開の『朝を呼ぶ口笛』）。このあたりはまだ映画とテレビのどちらを優先させるかははっきりした感じではないが、1960年、高校生になるとともに日活に入社したのをきっかけに、映画を活動の主軸とするようになった。

そして1962年公開の『キューポラのある街』（監督：浦山桐郎）に主演して一躍注目を浴びる。さらに歌手としても同年の出演映画の主題歌「寒い朝」（1962年発売）がヒットすると、青春純愛路線の看板女優として日活、さらには映画界を背負う存在のひとりになった（ちなみに多くの作品で相手役としてコンビを組んだ浜田光夫も子役出身である）。「サユリスト」と呼ばれる熱狂的なファンを生んだことは有名だろう。

同時期に同じ日活を支えた子役出身の女優には、和泉雅子もいる。

和泉雅子の経歴はかなり異色だ。1947年東京生まれの和泉は、10歳で劇団若草に入った。1959年には、『赤胴鈴之助』の作者でもある武内つなよしによる漫画を原作にしたヒーローもの『少年ジェット』（フジテレビ系）でドラマデビューする。

だが海外のコメディドラマ『アイ・ラブ・ルーシー』のようなドラマが好きで、喜劇をやりたいと熱望していた和泉は劇団を辞め、落語家の柳家金語楼に弟子入りする。ところが、本人曰く「いろんな役をやるにはきれいすぎる」ため金語楼も悩んでしまったという。そこに当時『ジェスチャー』（NHK、1953年放送開始）という人気番組で金語楼と共演し、日活のプロデューサーでもあった水の江滝子が彼女を見初め、日活に入ることになった（中山千夏『ぼくらが子役だったとき』、172－173頁）。

とはいえ、和泉雅子はまだ13歳。当時日活は石原裕次郎や小林旭らのアクション路線全盛で、吉永小百合や和泉のような少女が中心になる青春路線以前の時代だった。『七人の挑戦者』（1961年公開）という映画では、苦肉の策として化粧をしてハイヒールを履いて出たという（同書、173頁）。

しかし、青春路線が始まると、その容貌の美しさも相まって人気が沸騰。吉永小百合、松原智恵子とともに「日活三人娘」と呼ばれ、日活をけん引する存在になった。1966年には、同じ日活所属で子役出身の山内賢とデュエットした「二人の銀座」が大ヒット（ちなみに和泉が生まれ育ったのも銀座である）。後年冒険家としても活動し、1980年代末には北極点に到達（海氷上からのルートでは日本人女性初だった）して大きな話題にもなった。

もうひとり、松島トモ子にもこの時期の代表的子役としてふれておきたい。松島と言えば、1980年代にアフリカで猛獣に襲われ大けがをした出来事が有名で、当時ワイドショーなどで大々的に取り上げられたこともあり、そのイメージが強いだろう。しかし、子役時代の彼女は、子役史に残る成功者のひとりだった。同年代の有名子役としては、太田博之、二木てるみらもいる。

1945年満州で生まれた松島トモ子が子役になったきっかけは、ニュース映画（映画館で上映されるニュース）だった。

松島トモ子は、幼いころからバレエを習っていた。その様子が「小さな豆バレリーナ」としてニュース映画で紹介された。すると、それを見た当時の時代劇の大スター・阪東妻三郎（俳優の田村正和らの実父）がスカウト。『獅子の罠』（1950年公開）という映画でデビューするに至った。以降、「母もの」映画の子ども役や嵐寛寿郎主演の「鞍馬天狗」シリーズの杉作役など80本以上の映画に出演して一時代を築いた。面白いところでは、江利チエミが主演した実写版『サザエさん』（1956年公開）のワカメ役も演じている。

目鼻立ちのくっきりとした愛らしい容貌は、同世代の女の子の憧れにもなった。『少女』『りぼん』『少女フレンド』といった少女雑誌の表紙を飾る常連であり、おかっぱのショートカットの髪の耳のうえのところをクルクルッとカールさせる「トモ子ちゃんカット」は少女たちがこぞって真似をしたほどの影響力だった（同書、14－17頁）。ニュース映画で発掘され、雑誌モデルとして一世を風靡した松島トモ子は、いわば子役アイドルのはしりだったとも言える。

舞台からタレントへ～中山千夏の道のり

一方、舞台で注目を浴び、映画やラジオ、テレビに活躍の場を広げた子役もいる。その代表格が、中山千夏である。

中山千夏は1948年熊本県生まれ。その後、大阪府布施市（現・東大阪市）に移り住んだ。そして6歳、小学1年生で児童劇団「劇団ともだち劇場」に入る。本当は5年生以上という規定があったのだが、試験の成績がずば抜けて良かったので入団を認められたという（中山千夏『蝶々にエノケン－私が出会った巨星たち』、54頁）。

そこから「天才少女」と称された中山の快進撃が始まる。映画やラジオドラマ、そしてテレビドラマでも引く手あまたになった。また、子役の年齢は過ぎていたが、NHKの人形劇『ひょっこりひょうたん島』（1964年放送開始）の「博士」役など、声優としても実績を残した。

だがなんといっても彼女の才能を世に知らしめたのは、舞台だった。

そこには、劇作家・菊田一夫との出会いがあった。菊田は、古川ロッパらが結成した劇団「笑の王国」の座付き作家を経て、東宝に移籍。男女のままならぬ恋愛を描き「すれ違いドラマ」の異名をとったラジオドラマ『君の名は』（NHK、1952年放送開始）や、作家・林芙美子を演じる森光子（1920年生まれの彼女にも子役の時代があった）のライフワークとなった『放浪記』（1961年初演）など、数々の大ヒット作で知られる戦後を代表する劇作家である。

そんな菊田は、ある時『母』という舞台に出演していた中山千夏の演技に魅せられ、自らが作・演出を務める舞台『がめつい奴』（1959年初演）に彼女を抜擢する。

『がめつい奴』は、大阪の釜ヶ崎を舞台にした作品である。主人公は、三益愛子演じるお鹿婆さん。簡易旅館を経営する一方で、高利貸し業も手掛けるなど金に貪欲、「がめつい」ことで有名だ。そして中山千夏が演じるのは、戦災孤児のテコ。お鹿婆さんに引き取られ、育てられている。

物語は、まだ戦後の混乱が残る時代に、貧しいながらもたくましく生き抜く庶民のエネルギッシュな姿を描いたもの。そしてそれを表現するのが、時にユーモアあふれる関西弁でのやり取りだった。特に、大スターの三益愛子を相手に堂々と渡り合う中山千夏の評価は高かった。この作品は300回以上も公演されるロングランとなって各地で上演され、テレビでもたびたび中継された。当然、中山千夏の知名度も一気に高まった。

高校卒業後の中山は、テレビに活動の中心を移す。テレビ批評、時事問題的な要素を盛り込んだ実験的な作品『お荷物小荷物』（朝日放送、TBSテレビ系、1970年放送開始）などドラマでの主演もあった。それに加え、『お昼のワイドショー』（日本テレビ系、1968年放送開始）では青島幸男らとともに司会を務めたかと思えば、歌手としても自ら作詞したフォーク調のデビュー曲「あなたの心に」（1969年発売）がオリコン週間チャート2位を記録する大ヒットとなるなど、多彩な活躍で注目を浴びた。さらには、文筆活動にも精力的に取り組み、フェミニズムの立場からの市民運動、そして参議院議員として政治活動をおこなうなど、まさにマルチな活躍ぶりだった。

児童劇団の歴史、役割の変容

ここで、子役と児童劇団の関係についてみておきたい。

先述したように、中山千夏が演技の道に進んだきっかけは、児童劇団に入ったことだった。いまでも、有名子役が児童劇団に所属していることは珍しくない。「劇団若草」「劇団こまどり」「劇団ひまわり」といった名前を耳にしたことがあるひとも少なくないはずだ。ただ改めていうまでもないが、児童劇団は芸能プロダクションとは異なる。児童劇団は本来教育目的のものであるのに対し、芸能プロダクションはあくまでビジネスだ。

そのあたりは、児童演劇（児童劇）の歴史を紐解くとわかりやすい。古くから、童話などを上演する児童向けの演劇は存在した。だがその場合、演じるのが大人であることも多かった。

そこから子どもが演じる児童劇へと移り変わり始めたのが1920年代のこと。その推進活動の中心になったのが、小説家・劇作家の坪内逍遥である。逍遥は、芸術におけるリアリズム追求の一環として、子ども向けの劇を子どもが演じる児童劇運動、その家庭や学校への普及活動などに熱心に取り組んだ。その流れのなかで、劇団東童（1928年設立）のような児童劇団が誕生する。前出の浜田光夫などは、戦後劇団東童の上演した「ピーターパン」を見たのがきっかけで劇団東童に入り、子役になった（前掲『ぼくらが子役だったとき』、80頁）。

こうした歴史的背景のなかで生まれた児童劇団は、当然ながら子どもの精神的成長を促す教育目的のためのものだった。戦争時には影を潜めていた児童劇団だったが、戦後の民主化の波のなかで再び活動を活発にし始める。前出の劇団若草は1949年、劇団こまどりは1948年、劇団ひまわりは1952年に創設された。中山千夏がいた劇団ともだち劇場も、劇団東童に所属した泉田行夫らによって1946年に設立。児童教育に資するという理念のもと、泉田はずっと無報酬であったという（前掲『蝶々にエノケン─私が出会った巨星たち』、56−59頁）。

戦後における民主化の風潮のなかで、習い事感覚で子どもを児童劇団のレッスン（そこでは演技だけでなく、日本舞踊や歌などさまざまな課目があった）に通わせる親が増えた。あるいは、子どもの人見知りや引っ込み思案などを心配した親がそれを解消するため児童劇団に入れるということもしばしばあった。また、礼儀作法が身に付くという利点もあった。いずれにしても、それらは親にとって教育の一環で、最初からプロの俳優にするために子どもを児童劇団にいれるという志向は、それほど強かったわけではなかった。

しかし、なかには思わぬ才能を発揮し、商業演劇で成功するケースも生まれてくる。そうした子役は児童劇団を離れ、芸能プロダクションにマネジメントを委ねるようになる。中山千夏もそうで、その注目度の高まりに伴い、所属先も「劇団ともだち劇場」から、人気劇作家・花登筐が主宰する「波の会」、東宝系の「大宝芸能」、そして東宝演劇部へと変わっていった。

　この中山千夏のケースは、決して例外ではない。その頃、児童劇団自体の役割も変化していった。教育という目的は理念としてあり続けるとしても、実態においては、芸能界のシステムに次第に組み込まれていく。芸能界への子役の供給源になっていくのである。児童劇団に在籍しつつ、映画や舞台、ドラマに出演するというパターン、児童劇団から離れて映画会社や芸能プロダクションに移籍するパターンなどケースバイケースではあっただろうが、大きな文脈においては、児童劇団は芸能界のシステムの一部となっていった。

　とりわけテレビは、その傾向を加速させたと言える。もちろんテレビの普及、ドラマという新たな活躍の場が子役への需要を増したこともある。だが同時に、テレビの持つ日常性も、子役という選択を魅力的なものにした。映画や舞台と比べ、テレビは普段の暮らしのなかで日常的に接するメディアだ。そのことが、芸能の世界を一般社会にぐっと近づけた。テレビ時代とともに歌の世界でアイドル歌手全盛期が始まったように、ドラマの世界においても児童劇団が俳優に憧れる子どもの養成所の役割を果たし、そこから登場した子役がテレビスターになる時代が到来するのである。

②子ども向けドラマの子役たち

そのあたりの状況を、まず児童向けドラマからみていくことにしたい。

現在は見なくなったが、かつて1960年代から1970年代くらいにかけては、主に夜の7時台くらいに30分の児童向けドラマの枠があった。そこではしばしばターゲット視聴者である子どもと同年代の子役が主役を務めた。

「チャコちゃん」でブレークした四方晴美

「チャコちゃん」シリーズ、そして「ケンちゃん」シリーズは、そうしたドラマの代表である。チャコちゃんとケンちゃんは、姉と弟の設定。それぞれが長年にわたって主役を演じ、高視聴率をあげる人気シリーズとなった。

第1作は、『パパの育児手帳』（TBSテレビ系、1962年放送開始）。主人公のチャコちゃん役は四方晴美。このとき、1957年生まれの四方は5歳だった。

この作品は、キャスティングが異色だった。父親役は安井昌二、母親は小田切みきだったが、実は四方晴美は、この2人の実の娘であった。つまり、現実の親子がドラマでも親子を演じるという、ある種ドキュメンタリードラマ的側面を持つ作品だった。安井の知り合いの脚本家が原作を書き、「家族でやらないか」という話があって実現したかたちだった。まだ小さかった四方は上手くしゃべれなかったようだが、それが逆に自然な演技と受け取られ、評価されたという（前掲『ぼくらが子役だったとき』、102頁）。

この作品が人気となり、以降両親役は変更されたりしたものの、チャコちゃんを主人公にシリーズ化された。そして5作目の『チャコねえちゃん』（TBSテレビ系、1967年放送開始）で、チャコちゃんの弟が初登場する。そのケンちゃん役を演じたのが、宮脇康之（現・宮脇健）であった。そして7作目の『ジャンケンケンちゃん』（TBSテレビ系、1969年放送開始）では、主役がケンちゃんに交代する。

その背景には、チャコちゃんが中学生の年齢に近づき、子どもらしい子どもを演じるのが難しいと制作側に判断されたことがあった。ただ、ずっと主役だった四方晴美にとっては、やはり複雑な思いがあったようだ。

最後の共演となった『チャコとケンちゃん』（TBSテレビ系、1968年放送開始）では、四方自身「あ、私よりもヤス（引用者注：宮脇康之のこと）をチヤホヤし始めたな」という周囲の空気を感じていた。同作品の撮影終了時、四方は記念撮影の後、陰に走り込んで泣いたという。

主役交代の理由は四方の中学受験のためと発表されたが、通っていたのはエスカレーター式の学校で受験の必要はなかった（同書、109－111頁）。

少し話が逸れるが、四方晴美と同年代の人気子役に1956年生まれの上原ゆかりがいる。映画やドラマ、雑誌モデルでも活躍したが、なんといっても彼女の人気を決定づけたのが、1962年の明治製菓「マーブルチョコレート」のCMだった。「マーブル　マーブル　マーブル　マーブルチョコレート♪」という軽快なCMソングとともに、あどけなさのなかに愛嬌あふれる彼女の姿が一世を風靡した。彼女もテレビ時代を象徴する子役である。1980年代後半ごろから、宮沢りえや後藤久美子などCMから子役スターが生まれる時代がやってくるが、その先駆者でもあった。

子役の代名詞的存在だった宮脇康之

話を戻すと、結果的には「ケンちゃん」シリーズもまた大ヒット。主役の宮脇康之も国民的な人気を博するようになる。一時期は、子役の代名詞のような存在だった。

宮脇康之は1961年東京生まれ。3歳ごろに劇団日本児童に入った。発育が遅く、人見知りが激しかった宮脇を見て、両親が物怖じしない子どもにするため入れたのである。

デビュー作は山田洋次監督、ハナ肇主演の松竹映画『運が良けりゃ』（1966年公開）で、その後NHKの朝ドラ『おはなはん』（1966年放送。この作品については後述する）にも主人公・おはなはん（樫山文枝）の子ども役で出演した（宮脇康之『ケンちゃんの101回信じてよかった』、20－24頁）。

そして出会ったのが、前述の『チャコねえちゃん』だった。5歳の宮脇康之は、幼稚園児のケンちゃん役。それから『フルーツケンちゃん』（TBSテレビ系、1976年放送開始）まで全10作、約10年にわたって宮脇はケンちゃん役を演じることになる。

こうして子役スターとして一時代を築いた宮脇康之だが、本人の回想によれば、その代償は小さくなかった。やはりご多分に漏れず母親がずっと宮脇に付き添っていたが、彼の人気が過熱し多忙を極めるようになった。すると夫婦関係に亀裂が入り、両親は離婚することになる。また6歳上の兄がいたが、環境の大きな変化に精神状態が不安定になったこともあった（同書、第二章）。

一方で、「ケンちゃんシリーズ」全盛時の宮脇康之は、子役でありながらまさに特別扱いだった。地方ロケなどに行った際には、ホテルの最高級のスイートルーム。ギャラの管理は両親に任せていたが、小遣いは小学生で月3万円から5万円と当時の貨幣価値からすれば分不相応な額をもらっていた（同書、50頁）。

撮影現場でも、大きな発言権を持った。ドラマでシーンごとのつながりが上手くいかない場合、スムーズにつながるように現場で新たにワンシーン加えることがある。それができるのは、通常演出する監督（ディレクター）に限られる。だが当時、まだ10歳になるかどうかの宮脇康之は、「こんなんじゃお芝居できないよ。こういうシーン入れて」と注文をつけていたという。さらには、撮影のスケジュールが押して俳優の名前を呼び捨てにするなど言葉遣いが乱暴になったスタッフを降ろすよう要望して、それを押し通したこともあった（同書、44－48頁）。

このあたりは、仕事の現場でなあなあになることを許さないという宮脇のプロ意識の表れでもあるが、恐る恐る気を遣って接していた周囲の雰囲気も垣間見える。

どこにでもありそうな家庭が舞台であることは、「チャコちゃん」シリーズにも「ケンちゃん」シリーズにも当てはまる。その点はこの後ふれるホームドラマと同じである。ただ児童向けドラマであるため、共感を得る主人公として子どもがフィーチャーされた。その新鮮さが、子役の過熱人気を生んだ側面があるだろう。そこでは、特別な演技力よりも、素のままの可愛らしさが求められていたと言えるかもしれない。

特撮ドラマの子役たち

もうひとつ、子役の活躍の場になったのが特撮ドラマである。いまでこそ、「仮面ライダーシリーズ」や「戦隊シリーズ」などは大人も見るものになっているが、1960年代のテレビ黎明期においては、特撮ドラマはあくまで子ども向けのものだった。そこで、やはり子どもの視聴者からの共感を得るべく、同じ年代の子どもが重要な役どころでしばしば登場した。

たとえば、『マグマ大使』（フジテレビ系、1966年放送開始）には、後にジャニーズの人気グループ・フォーリーブスのメンバーとなる江木俊夫が出演している。

1952年東京生まれの江木は、母親が熱心で3歳の頃から子役として活躍。所属は劇団ひまわりだった（本人は、劇団に入らず文学座の伝手で芸能界入りしたとも語っている。石橋春海『'60年代 蘇る昭和特撮ヒーロー』、92頁）。日活の石原裕次郎や小林旭の映画に数多く出演し、また黒澤明監督『天国と地獄』（1963年公開、三船敏郎の息子役）などにも出演するなど売れっ子子役のひとりだった。

そうしたなか出演したのが、日本初の本格的カラー特撮ドラマとされる『マグマ大使』である。原作は手塚治虫の同名漫画。地球を征服しようと次々と怪獣を送り込んでくる宇宙からの侵略者・ゴアと、地球を守ろうとする巨大ロケット人間・マグマ大使の闘いを描いたヒーローものである。

江木俊夫が演じたのは村上マモルという少年。マグマ大使をつくった創造者・アースからロケット型の笛をもらい、それを使ってマグマ大使を呼ぶことができる。また、マグマ大使には妻のモル、そして子どものガムがいるという設定で、マモルはガムと仲が良い。

そもそもこのガム（二宮秀樹）は、マモルと知り合いになったマグマ大使とモルが自分たちも子どもが欲しいとアースに頼み込んでつくられた存在。つまり、人間の子どもがヒーローの子どものモデルになるという構図で、子どもの視聴者がいっそう物語に感情移入できるようにする仕掛けと解釈できる。

似たようなことは、同時期の人気特撮ドラマ『仮面の忍者 赤影』（関西テレビ　フジテレビ系、1967年放送開始）にもあてはまる。

こちらは、横山光輝の漫画が原作の忍者もの。飛騨忍者である赤影（坂口祐三郎）が悪の忍者集団や怪獣と闘うという内容で、赤影には白影（牧冬吉、大きな凧を操る）と青影という仲間がいる。その少年忍者・青影役が、子役の金子吉延だった。

金子は1955年東京生まれ。小児喘息で外に出られなかった息子を案じて母親が劇団に入れた。10歳のときに映画監督・内田吐夢のたっての指名で、『宮本武蔵 巌流島の決斗』（1965年公開）に重要な子ども役で出演。その後東映京都とのかかわりを深めた。『大忍術映画 ワタリ』（1966年公開）では主演し、その流れから『赤影』への出演も決まった。

青影は、鎖分銅を武器に悪者と闘う一方で、少年らしく無邪気なひょうきん者の設定。その決めポーズとして、親指を鼻に当て他の指を大きく開きながら言う「だいじょ〜ぶ！」、相づちのひとつ「がってんがってん、しょ〜ち！」などがあり、いずれも流行した。

すなわち、多くの子どもたちはそうして青影に自己を投影した。そうすることで、主人公のヒーロー・赤影や白影とともに戦っているような気持ちを味わえた。いうまでもなく、それはガムという友だちがいて、笛でマグマ大使を呼ぶこともできる『マグマ大使』のマモルに対する自己投影と同型だ。

ほかにも、特撮ドラマに人気子役が出演したケースは多い。『コメットさん』（TBSテレビ系、1967年放送開始）は、宇宙から来たお手伝いのコメットさん（九重佑三子）が魔法を使って問題を解決するという内容。その住み込み先の子どもを演じた蔵忠芳（1955年生まれ）は、それ以前に『アッちゃん』（日本テレビ系、1965年放送開始）というホームドラマで主演して人気を得ていた。

『快獣ブースカ』（日本テレビ系、1966年放送開始）で、憎めない悪ガキを演じた雷門ケン坊（1956年生まれ。この作品では「吉野謙二郎」名義）も、当時人気の子役だった。芸名の通り落語家でもあり、また忍者ものアニメ『サスケ』（TBSテレビ系、1968年放送開始）の主人公・サスケの声を演じるなど、声優としても活躍した。ちなみに落語と言えば、『笑点』（日本テレビ系、1966年放送開始）の「座布団運び」として知られる山田隆夫（山田たかお）（1956年生まれ）も、劇団ひまわりに所属する子役だった。

水谷豊、子役からの軌跡

だが、当時流行の特撮ドラマの子役からスタートして後に俳優として大成したということになると、やはり水谷豊を措いて他にはいない。

水谷豊は、1952年北海道に生まれた。その後家族で東京に移り住む。幼い頃からテレビへの興味は人一倍で、「この箱のなかに入ってみたい」というのが、水谷少年の夢だった。そして子役としては比較的遅いが、13歳のときに近所の女性からのすすめで劇団ひまわりに入ることになる。

そんな水谷豊のドラマ初主演作となったのが、特撮ドラマ『バンパイヤ』（フジテレビ系、1

968年放送開始）である。手塚治虫の同名漫画が原作で、水谷豊は14歳の時にオーディションで800人のなかから主役に選ばれた。水谷演じるトッペイは上京して漫画映画のプロダクションで働くという設定で、虫プロダクションの子会社にあたる虫プロ商事の制作。初回には虫プロダクションの創設者でもある手塚治虫がゲスト出演し、水谷豊との共演シーンもある。

『バンパイヤ』は、いわゆる狼男の話である。トッペイは狼男の一族の出身で、満月の光を浴びて興奮すると狼に変身する特殊能力を持つバンパイヤだ。人間からは恐れられているため、トッペイはその事実を隠して生きている。そこに登場するのが悪の天才・ロック。バンパイヤ一族の存在を知った彼は、バンパイヤを手先として操りその力を利用することで、世界を支配しようと目論む。こうして、トッペイとロックの闘いが始まる。

ただ、手塚治虫らしく、この物語は単純な勧善懲悪ものではない。バンパイヤであるトッペイも、悪の限りを尽くして地球を自らの手中に収めようとするロックも、視点を変えれば人間の世界から疎外された存在だ。その点、両者には根底で通じ合う部分がある。トッペイも、そのことをどこかで気づいていて悩む。そんな内省的な面を持つ役柄を少年・水谷豊は彼独特の憂いを秘めた表情で好演している。

テレビドラマデビューでいきなり主演という大抜擢を受けた水谷豊だったが、それからの俳優人生は順調だったわけではなかった。

テレビという「箱のなかに入ってみたい」という幼い頃からの夢は叶った。しかし水谷豊は、芸能の世界が自分の人生を捧げるべき場所だとは思えなかった。彼は、「トッペイを演じた時もその後も、僕は役者になりたい、役者を続けたいとは考えていなかったと思います」（手塚治虫『バンパイヤ①』解説、310頁）と当時を振り返る。実際、高校卒業間近に劇団ひまわりを退団。だが大学受験に失敗し、浪人生活を送ることになる。父親の勤め先の会社が倒産するなど経済状況のこともあり、その頃ふと思い立って家出をしたこともあった。

そうしたなか、旧知のプロデューサーに声を掛けられて俳優業に復帰。学園ドラマなどを主に多くのドラマに出演した。刑事ドラマ『太陽にほえろ！』（日本テレビ系、1972年放送開始）では、第1回で犯人役を演じた。ショーケンこと萩原健一演じるマカロニ刑事に捕まる役である。このときのことがきっかけで、1974年22歳のとき、『傷だらけの天使』（日本テレビ系）で萩原健一の相棒・乾亨役に抜擢され、大ブレークを果たすことになる。

実は、最初乾亨役は、火野正平にほとんど決まっていた。ところが、火野は直前のNHK大河ドラマ『国盗り物語』（1973年放送）での木下藤吉郎役で人気に火が付き、すでに多忙になっていた。それで結局、水谷豊にお鉢が回ってきたのである。ちなみに、火野正平も劇団こまどり所属の子役出身だった。この時期、劇団こまどりからは、天才的な歌唱力で歌手として成功した弘田三枝子、青春学園ドラマの常連だった志垣太郎、後の『銭形平次』での平次の女房役で知られる香山美子、『子連れ狼』(日本テレビ、1973年放送開始)の大五郎役(「ちゃん」という父親に呼びかけるセリフが流行した)で人気が出た西川和孝らが輩出された。

『傷だらけの天使』以降の水谷豊の活躍は、繰り返すまでもないだろう。『赤い激流』(TBSテレビ系、1977年放送)、『熱中時代』シリーズ(日本テレビ系、1978年放送開始)、そして『相棒』シリーズ(テレビ朝日系、2000年放送開始)と数々の人気作の主演俳優として確固たる地位を築き、現在も活躍中だ。

興味深いのは、水谷豊本人にとって、俳優業はずっと〝アルバイト感覚〟だったということである。浪人時代に再びドラマの世界に戻ったのも、あくまでアルバイトのつもりだった。そしてその感覚は、『熱中時代』のような高視聴率ドラマの主役を演じていたときも変わらなかったと、水谷自身がさまざまな機会に語っている(『NEWSポストセブン』2021年11月30日付け記事など)。

子役の歴史のなかでも、こうした水谷豊のスタンスはあまり類例がない。

子役から大人の俳優に変わっていこうとする段階で悩むケースは珍しいわけではない。そしてそこから結果的に俳優業を続ける決断を下すことも間々あることだろう。だが特異なのは、その際の水谷豊の意識の持ちようである。

大人の年齢になっても俳優を続けるというとき、そこには職業選択の意識を伴うことが多いはずだ。つまり、プロの俳優としての自覚を持つことが、子役からの脱皮の証しとなると考えるのが通常だろう。ところが、水谷豊は、大人の俳優になってからもずっと〝アルバイト感覚〟だったと言う。芸能界にいながら、そこに属している意識が希薄という点で、ある意味ずっと子役的立ち位置だったという見方もできなくはない。そしてそれが、水谷豊という俳優の独特の魅力にもつながっていると思える。

③朝ドラ、そしてホームドラマの時代と子役

朝ドラが高めた子役への注目

「子役が注目されるドラマは？」と聞かれて多くのひとがパッと思い浮かぶのがＮＨＫの連続テレビ小説、いわゆる「朝ドラ」だろう。その朝ドラも、この時期に始まった。

朝ドラの歴史は、１９６１年放送の『娘と私』から始まる。獅子文六の小説が原作。「私」とは父親のことで、つまり男性が主人公。朝ドラと言うと女性の一代記もののイメージが強いが、最初からそうだったわけではなかった。

女性の一代記ものという路線が定着するきっかけになったのが、１９６６年放送の『おはなはん』である。主演は新人の樫山文枝。現在はそうでもなくなってきているが、主人公への新人の起用もこの頃から始まった（新人起用の最初は１９６４年放送『うず潮』の林美智子である）。

物語は、明治生まれの主人公・浅尾はな（おはなはん）の波乱万丈の生涯を描いたもの。樫山文枝は、10代から80代までを演じた。樫山の可憐さ、そして夫役の高橋幸治の女性人

気もあり、『おはなはん』は社会現象化するほどの大ヒットに。「朝の8時15分（当時の朝ドラの開始時刻）になると、水道のメーターが急に下がる」、つまり主婦層が家事の手を止めて朝ドラを見ている、という逸話が生まれたほどだった。平均世帯視聴率は45・8％、最高世帯視聴率は56・4％（ビデオリサーチ調べ。関東地区。以下も同様）を記録。倍賞千恵子が歌った主題歌もヒットした。

朝ドラが女性の一代記ものになったことは、子役の歴史にとっても大きかった。それによって、子どもが重要な役柄で登場することが必然的に多くなったからである。

まずひとつは、主人公の子ども役としてである。一代記であれば、主人公が結婚して子どもが生まれるという展開も出てくる。その子ども役として出演した子役は、当然注目度も高くなる。

たとえば、前述したように「ケンちゃん」こと宮脇康之は、4歳のとき『おはなはん』に、樫山文枝演じるおはなはんの子ども役として出演している。『チャコちゃん』シリーズに出演する直前のことである。宮脇の両親はこの『おはなはん』出演で子役を辞めさせるつもりだったようだが、周囲の説得もあって結局続けることになった（前掲『ケンちゃんの101回信じてよかった』、24－26頁）。

もうひとつは、主人公の幼少期を演じる役としてである。

こちらは、主人公の子ども役よりもさらに注目度が高まる。いわば期間限定とはいえ、主人公そのものを演じることになるからである。子ども期には、主人公の家族関係、人物の特徴や性格、以降の物語の伏線などが盛り込まれることになり、単に見た目が似ているというだけでなく、成長後の展開を踏まえた演技力も要求される。視聴率も高い朝ドラは、子役にとってまさにひのき舞台となっていった。

ただ、『おはなはん』の場合は、前述のように樫山文枝本人が10代の頃も演じたので、主人公としての子役の出番はなかった。朝ドラにおいて子役が大きく脚光を浴びた最初の作品と言えるのは、1974年から翌年にかけて放送された『鳩子の海』である。

朝ドラが生んだ最初の子役スター、斉藤こず恵

『鳩子の海』は、瀬戸内海に浮かぶ小島などを舞台に女性の半生を描いたもの。主演は、当時文学座に所属していた藤田美保子（現・藤田三保子）。そしてその幼少期を演じたのが、斉藤こず恵だった。

斉藤が演じたのは戦災孤児の鳩子。原爆をはじめとする戦争のショックで記憶を失って

いる。名前も、彼女を引き取った女性（小林千登勢）が平和と希望の象徴である「鳩」にちなんで付けたものだ。誕生日もわからないので、終戦の8月15日とされている。そして成長した鳩子は、あることをきっかけに失われた記憶、自分の出生の秘密を明らかにしようと決意する（『朝ドラの55年 全93作品完全保存版』、136頁）。

敗戦直後の映画で、子役時代の美空ひばりが戦災孤児を演じていたことは前に述べた。それから約20年経った1970年代中盤においても、こうしたテーマはまだリアリティがあった。しかも鳩子は、過酷な戦争体験によって記憶を失っている。斉藤こず恵は、そうした悲劇性をまといながらも無邪気で健気な子どもを好演し、一躍国民的人気を博した。この演技でテレビ大賞特別賞を受賞、自ら歌った劇中歌「日本よ日本」も話題になった。

斉藤こず恵は、1967年東京・国分寺市生まれ。3歳で劇団若草に入った。落ち着きがない娘を心配した母親が、しつけ代わりに入団させたという。実際、劇団若草は、子役たちを「普通の子ども」として扱い、芸能人意識を持たせないという方針を掲げていた。たとえば、芸能界では朝晩関係なく「おはようございます」と挨拶するしきたりだが、劇団若草は昼なら「こんにちは」、夜なら「こんばんは」と、一般社会と同じ挨拶をする決まりになっていた（斉藤こず恵『太っていたっていいじゃない』、35－40頁）。

入団後すぐに舞台にテレビにと出演する日々が始まり多忙になった斉藤だったが、まだ小学校にも入学する以前のこと。当時は演技をしているという意識はなく、お稽古事の発表会に出るのと変わらない感覚だった。しつけのつもりだった両親も、小学校に入ったら辞めさせるつもりだった。そんなとき、記念のつもりで受けたのが、『鳩子の海』のオーディションだった（同書、41－43頁）。

後年、斉藤こず恵が『鳩子の海』の当時の演出家に自分が選ばれた理由を聞いたところ、「健康そうだったから」という答えが返ってきたという。「オーディションに来ていた子どもたちの中でいちばんちっこくってぽちゃぽちゃしててね、それなのに妙な生命力にあふれてた」と演出家の目に斉藤こず恵は映っていた（同書、45－46頁）。

斉藤こず恵は、歌手としてもヒット曲を出した。前出の「山口さんちのツトム君」である。作詞・作曲を担当したみなみらんぼうは、斉藤を選んだ理由を「歌がうまいわけでもない、かといってすごい美人でもない、芸能人ぽくもない。こず恵ちゃんは、本当に普通の子どもだった。だから、あの歌にぴったりだった」と語っていたという（同書、47頁）。

ここでも「普通の子ども」という言葉が出てくる。『鳩子の海』のオーディション時の「健康そう」「妙な生命力」という選考理由も、演技以前の部分の話である。そこで演技力はそれほど求められていなかったとも受け取れる。

子役の歴史という観点から見ると、斉藤こず恵は、ドラマと歌の両方で活躍したという意味で、現在の芦田愛菜らの歩む道を切り拓いた存在だったと言える。だが同時に彼女の半生を見ると、子役が大人の俳優に脱皮する難しさも感じさせる。

斉藤こず恵は、小学6年生のときに大河ドラマ『草燃える』（1979年放送）で源頼朝の娘・大姫を演じた際、演出家から「あなたはお芝居の才能はありますね。だけど、本当にお芝居が好きでやっていますか？」と問われる。「お芝居が好き」というのは、「その役になりきろうとする熱意」のことである。そこで初めて自分にとっての演技とは？という問いを突き付けられた斉藤は、考えた末に仕事を大幅にセーブして、学生としての生活を優先することになる（同書、61－65頁）。

ホームドラマの時代

この斉藤こず恵と同年生まれ、そして劇団若草でも同期だったのが、いまや司会者として有名な坂上忍である。

朝ドラに加え、この時期に子役の代表的な活躍の場となったのがホームドラマだった。

ホームドラマの主役はいわば家族そのものであり、どのようなものであれ、ある家族の姿をきめ細かく描くものだ。必然的に、夫婦と並んで親子やきょうだいの関係性が物語の軸になる。そのなかで、子役はドラマの出来を左右する重要な役割を担うことになる。

1960年代後半から1970年代にかけて、ホームドラマは視聴率的にも全盛期を迎えた。

京塚昌子主演の『肝っ玉かあさん』(TBSテレビ系、1968年放送開始)、森光子主演の『時間ですよ』シリーズ(TBSテレビ系、1970年放送開始)、水前寺清子と山岡久乃が母娘を演じた『ありがとう』シリーズ(TBSテレビ系、1970年放送開始)など、ホームドラマが軒並み高視聴率を記録。『ありがとう』が記録した世帯視聴率56・3%は、いまだに民放ドラマの史上最高視聴率として破られていない。

細かい設定などは作品によってまちまちだが、共通するのは「家庭の良さ」を描いたものであること。日常のさまざまなことをめぐって小さな揉め事や気持ちの行き違いなどがありながらも、最後は和解して平和な家庭生活が続いていく。それがホームドラマの王道だった。

そんなホームドラマ全盛期を作り上げたと言えるのが、TBSのプロデューサー・石井ふく子である。石井は、先述の『肝っ玉かあさん』、『ありがとう』、さらに「東芝日曜劇場」の『女と味噌汁』(TBSテレビ系、1965年放送開始)など、時代を代表する数々のホームドラマのプロデュースを手掛けた。脚本家・橋田壽賀子ともよくタッグを組んだ。長寿シリーズ『渡る世間は鬼ばかり』(TBSテレビ系、1990年放送開始)は、その代表的作品のひとつだ。

この石井ふく子プロデュースのドラマに子役として出演していた売れっ子子役は少なくない。たとえば、松田洋治(1967年生まれ)はそのひとり。『仮面ライダーアマゾン』(NET[現・テレビ朝日]系、1974年放送開始)などにすでに出演していたが、石井プロデュースで江利チエミ主演のホームドラマ『はじめまして』(TBSテレビ系、1975年放送)にも江利の息子役として出演する人気子役だった。

坂上忍、売れっ子子役から人気司会者へ

そして同じく石井ふく子プロデュース作品に縁があったのが、坂上忍だった。

1967年東京生まれの坂上は、まだ3歳に満たないころに劇団若草に入団。大人しく引っ込み思案な性格を心配した親が入れた。その後、前出の『ありがとう』や『女と味噌汁』などに出演し、人気子役となる。ほかにも朝ドラの『藍より青く』(1972年放送開始)な

どに出演している。

傍目には順風満帆に見えた子役生活だが、坂上自身は「とにかく早く子役をやめたかった」と当時を振り返る。「泣く芝居はできるのに、笑う芝居はできない。（略）仕事が忙しくて、大好きな野球もあきらめざるを得なくなった。なんで自分は普通じゃないんだろうと、ずっと悩んでいました」（『週刊ポスト』2016年2月1日付け記事）。

そこに、父親の借金問題も重なった。事業の失敗などで1億円以上の借金が残り、その返済のため、最初は中学でやめるつもりだった俳優業も続けることになった。坂上は、14歳で個人事務所を設立している。

それから一時ロック歌手への転身を図ったり、映画監督や小説執筆をしたりするなど多方面に活動の幅を広げるが、不祥事もあり長期的には露出が減る傾向になっていたことは否めない。そうしたなか、大きな転機となったのが『笑っていいとも!』（フジテレビ系、1982年放送開始）への出演である。

2012年に放送された「行列のまったくできない人生相談所」は、坂上忍らが先生となって、視聴者やゲストから寄せられる悩みに答えるコーナー。そこで坂上は、「なんでも相談すれば解決するわけじゃない」などと歯に衣着せぬ〝毒舌〟の面白さで注目され、バラエティ番組に引っ張りだこになった。その後２０１５年には、昼の情報番組『バイキング』（フジテレビ系、２０１４年放送開始）の総合ＭＣに就任するなど、人気司会者として地位を確立する。

坂上忍は、「バラエティは即興劇、（略）アドリブ芝居」だと言う（『マイナビニュース』、２０１４年４月27日付け記事）。つまり、坂上にとって、バラエティ出演とドラマ出演はともに、同じ演技の一環ということになる。そこには、俳優がバラエティで活躍するためのひとつのヒントとともに、自分の本質は俳優であるという自負、芝居というものへの強い思い入れが感じられる。

そんな坂上忍だからこそ、と思えるのが、子役の養成に現在取り組んでいることである。２００９年、「アヴァンセ」という子役養成のプロダクションを設立。坂上は、そこで総合プロデューサーとして、子役の演技指導などにあたっている。

それは、映画監督として子役を使った際、多くの子役がうわべだけの芝居をして、演技に個性がまったく感じられなかったことが理由だった。したがって、ステレオタイプな芝居の壁を打ち破るために、坂上は子役に対しても大人の俳優に対するのと同じように、必要とあれば厳しく指導する。子どもたちの生の感情を引き出すために、あえて追い込むという指導法をとる(『中居正広の金曜日のスマたちへ』2013年5月3日放送)。

要するに、子役は、大人の俳優とは異なる別枠として特別扱いすべき存在ではなく、大人の俳優と同等に扱うべき、というのが坂上忍の考えかただ。子役も「プロ」であるというわけである。背景には、子役観の時代的変化もあるだろう。この重要なポイントについては、また後のところで考えてみたい。

杉田かおるという実力派子役

ホームドラマの隆盛とともに、子役はドラマに欠かせない存在になった。ただ一方で、1970年代になると、ホームドラマにおける家族の描きかたにも変化が出てくる。「標準的な家族」の幸せな姿ではなく、実は一つひとつ異なる家族のかたち、そこにある複雑でリアルな感情に焦点が合わせられるようになる。一見幸福そうな中流家庭に潜む亀裂、崩壊の危機を描いた山田太一脚本『岸辺のアルバム』(TBSテレビ系、1977年放送)などは、この時代のひとつの到達点を示すホームドラマだった。

そうしたホームドラマの爛熟期に登場した代表的子役と言えるのが、後年バラエティ番組の毒舌キャラでブレークし、現在も俳優として活躍する杉田かおるである。

杉田かおるは、1964年東京生まれ。彼女もまた、斉藤こず恵や坂上忍と同じ劇団若草に入ったのが芸能活動のきっかけだった。当時劇団若草は、杉田の家の近くにあり、近所の子どもたちも多く通っていたという。5歳の終わり頃である。

そもそも杉田かおるには、「テレビに出たい」という思いがあった。「テレビはこんな小さな箱なのに、なんで中では、オバケのQ太郎が動いているんだろう」。そう幼心に不思議に思った杉田は、「あたしもテレビの箱に入ってみたい」と願うようになった（杉田かおる『すれっからし』、14頁）。このあたりは、前述した水谷豊を思い出させるエピソードだ。

劇団に入った杉田かおるにオーディションを受ける日々が始まった。だがちょうど永久歯に替わる時期で前歯がなかったので、落とされることも多かった（当時、オーディションでよく顔を合わせる仲間に、劇団ひまわり所属だった戸川純と戸川京子の姉妹がいたという）。だが前歯が生えてきたら、前歯の大きさが印象的という理由であるオーディションに合格した。それが、『パパと呼ばないで』（日本テレビ系）だった。

『パパと呼ばないで』は、1972年10月に始まった。主演は石立鉄男。彼演じる28歳の独身会社員・安武右京が、亡くなった姉の子ども・橋本千春を引き取り、2人暮らしを始めるところから物語は始まる。最初はどこかよそよそしかった2人だが、やがて千春は右京のことを「パパ」と呼び、右京も千春を「チー坊」と呼んで愛情深く育てていくようになる。

2人は、東京の下町・佃島にある米屋の2階に間借りしている。米屋の家族は、いかにも王道のホームドラマに登場しそうな夫婦と子ども3人の家族。そこに本当の父娘ではない2人が絡んでいくという構図である。基本は人情味あふれるコメディだが、タイプの異なる家族が同時に描かれるという点は、当時まだ新しかった。

したがって子役にも、ただ可愛らしい子どもでは収まらないような感情表現も要求される。杉田かおるは、見た目の愛らしさもあったが、演技力という点でも感情の機微を表現することに長けていた。劇団のレッスンでは「即興劇が好きだった」（同書、17頁）という杉田は、石立鉄男の圧倒的な熱量の演技を受け止めながら、「チー坊」という複雑な役柄を好演した。子役の歴史のなかでも実力派を代表するひとりと言えるだろう。

『パパと呼ばないで』は、ユニオン映画という制作会社が石立鉄男主演でつくっていた一連のドラマのひとつである。この作品で一躍人気が出た杉田かおるは、続くユニオン映画制作、石立鉄男主演の『雑居時代』（日本テレビ系、1973年放送開始）にも出演。この作品も、石立演じる貧乏カメラマンが、ひょんなことから血縁関係のない5人姉妹の家族と同居することになるという、ひとひねりした設定のホームコメディだった。杉田は、5人姉妹の五女役だった。

その後も『池中玄太80キロ』（日本テレビ系、1980年放送開始）に出演し、挿入歌「鳥の詩」（1981年発売）もヒットさせた杉田かおるだったが、彼女に関してひとつ興味深いのは、1981年公開の『青春の門』まで、映画に出なかったことである。個人的な理由もあったのかもしれないが、やはり「テレビの箱に入ってみたい」と子役になる前の杉田が願ったことを思い出せば、この事実は、1970年代が子役にとってテレビがはっきりとメインの活躍の場になった歴史的分岐点であったことを示している面もあるだろう。

それ以前に、テレビの箱に入るという当初の目的を達成した杉田は、小学校で劇団若草を辞めている。そして学業中心の生活にしようとしたのだが、結局フラストレーションがたまり、芸能活動を本格的に再開する。ただ目指したのは、同じ子役出身の香坂みゆきにならってアイドル歌手だった（同書、139－141頁）。

しかし、その目論見もあえなく失敗。歌手活動にあたって出資してもらったスポンサーへの多額の借金が残った。その返済のため、俳優業に再び戻ることになる。

画期的だった学園ドラマ『3年B組金八先生』

そんな頃に杉田かおるが出会ったのが、学園ドラマ『3年B組金八先生』（TBSテレビ系、1979年放送開始）だった。

学園ドラマは、もちろんそのはるか以前からあった。1960年代には『青春とはなんだ』（日本テレビ系、1965年放送開始）などが人気を博し、1970年代になっても村野武範や中村雅俊らの演じる熱血教師が主人公の学園ドラマがゴールデンタイムで放送され、人気になっていた。

これらのドラマの共通点は、舞台が高校だったことである。それに対し、『金八先生』は中学校が舞台。そこには、当時中学校でも校内暴力などが社会問題になっていたことを踏まえ、現実離れした面もある従来の熱血青春ものではなく、リアリズムに基づいた学園ドラマを制作しようというスタッフの狙いがあった。

それは、子役にとっても画期的なことだった。中学が舞台であれば、従来は出番がなかったはずの、同じ中学生である子役にも出演のチャンスが巡ってくるからである。当時15歳の杉田かおるは、そのひとりだった。

なかでも、杉田かおるのキャリアは、他の生徒役の子どもたちと比べて頭ひとつ抜けていた。『金八先生』が人気シリーズになった後とは違い、第1シリーズでは「アット・ランダムの応募」で、「まったくの素人が多く」なってしまった。そこで脚本の小山内美江子らは、「台詞をきちんと言える子を入れといた方がいいんじゃないか」と考えた。そうしてキャスティングされたのが、やはり子役だった鶴見辰吾と小山渚、そして杉田かおるだった

（小山内美江子『我が人生、筋書き無し』、225－226頁）。

改めていうまでもなく、この第1シリーズで杉田かおるの演じた浅井雪乃は、鶴見慎吾演じる同級生と恋に落ち、子どもを妊娠・出産するという役柄だった。学園ドラマの常識を打ち破る展開でありセンセーショナルな話題を呼んだが、杉田はこの難しい大役に見事に応え、彼女の代表作のひとつになった。

そして時は1980年代に。引き続き学園ドラマやホームドラマはもちろんのこと、バラエティ番組にも子役の活躍の場は大きく広がっていくことになる。その様子を次章でみていきたい。

第2章

アイドル化する子役

〜1980年代の発展

▽川上麻衣子▽伊藤つかさ
▽二階堂千寿▽高橋良明
▽小林綾子▽吉岡秀隆▽中嶋朋子
▽見栄晴▽間下このみ
▽カケフくん▽伊藤淳史
▽山崎裕太

①子役の世界を広げた学園ドラマ

1970年代学園ドラマと子役

『3年B組金八先生』が学園ドラマにもたらしたインパクトについて前章の終わりでふれたが、同じく中学校が舞台の学園ドラマがそれ以前にもなかったわけではない。ここで少し1970年代のそうした学園ドラマにもふれておきたい。

たとえば、NHKで2012年まで放送されていた長寿ドラマ『中学生日記』は、そのひとつである。

開始は1972年。制作は、NHKの名古屋放送局だった。放送時間は主として日曜の昼1時台。名古屋にあるという設定の架空の中学を舞台に、中学生ならではの勉強、恋愛、家族や友人関係などにまつわる悩みをリアルかつ丁寧に描いた作品である。このドラマには1960年代から続いた前身番組があり、それが教育相談をベースにしたものだった。そうしたルーツが、リアリティ重視につながっている。

そんなリアリズム志向を受け、このドラマのキャスティングもユニークだった。名古屋放送局制作という事情もあったのだろうが、生徒役には、「名古屋に住み、劇団などに所属していない素人の中学生たち」という条件があり、しかも劇中でも実名で演じていた。オーディションで毎年中学1年から2年の子ども600人くらいのなかから100人を選び、1年後から交代で出演させるという方式をとった（『TV青春白書　まるごと一冊学園ドラマの本』、53頁）。そのなかから、後に俳優の道に進んだ子役も少なくない。前身番組なども入れると、声優としても有名な戸田恵子らがそうである。

これとは対照的に、同じ中学が舞台でも娯楽色の強い学園ドラマも同時期にあった。NHK「少年ドラマシリーズ」（1972年放送開始）は小中学生向けのドラマ枠で、夕方6時台の放送だった。第一弾として放送された筒井康隆の『時をかける少女』原作の『タイム・トラベラー』など、SFものが多いのが特色。『時をかける少女』は原田知世主演の映画版（1983年公開）が有名だが、それが高校の設定だったのに対し、このドラマの舞台は中学で、主人公・芳山和子を演じて人気となった島田淳子（浅野真弓）も当時中学生だった。

同じく『なぞの転校生』（1975年放送）も、眉村卓の同名小説が原作のSFである。

主人公のいる中学2年のクラスに、ある日ひとりの転校生（星野利晴）がやってくる。美少年で、成績優秀かつスポーツも万能。だがいつも無表情で、ミステリアスな雰囲気を漂わせている。するとその転校の日から、彼の周りで不思議な出来事が次々と起こり始める。そしてこの転校生が実は宇宙人であることがわかる…。基本はエンタメだが、核戦争の恐怖、科学の暴走などのシリアスなテーマを織り込んだ作品でもあった。

ここで主人公の岩田広一役を演じたのが、高野浩幸である。高野は1961年生まれの東京出身で、6歳で劇団いろはに入団。特撮ドラマ『超人バロム・1』(よみうりテレビ、日本テレビ系、1972年放送)のオーディションに合格して主役を演じたことでも有名だ。また、寺山修司が監督した映画『田園に死す』(1974年公開)にも出演するなど、幅広く活躍した。

『金八先生』がもたらした生徒役のアイドル化

このように、中学を舞台にした学園ドラマの土壌は、1970年代までにすでに整えられていた。

『金八先生』は、中学生のリアルな悩みや問題に寄り添うという点では、『中学生日記』に近い。ただ、民放のゴールデンタイムのドラマということもあって、リアリズムを基盤にしながらも随所に大衆受けする娯楽性を盛り込んでもいた。たとえば、金八先生のクラスの生徒たちが、金八先生役の武田鉄矢が属する海援隊のコンサートに行って、金八と武田いた。

鉄矢が〝対面〟するといった場面（第1シリーズ11話）などは、そうだろう。いうまでもなく、海援隊は、第1シリーズの主題歌「贈る言葉」（1979年発売）を歌って大ヒットさせていた。

生徒役のキャスティングにおいても、『金八先生』は『中学生日記』ほど厳密ではなかった。たとえば、第1シリーズで沢村正治役を演じた田原俊彦は1961年2月生まれで、放送開始時すでに18歳だった。

とはいえ、「3年B組」の生徒たちが、同年代の視聴者に強い親近感を抱かせる存在だったことには変わりない。学校のクラスという舞台設定は、さまざまなキャラクターを登場させられるというメリットもあった。クラスの委員長をやる優等生、勉強の虫、教室の後ろのほうの席の不良、クラスのマドンナ的存在、部活のスポーツに打ち込む生徒、笑いの中心にいるひょうきん者。なかには、いつもおとなしく普段は目立たない生徒もいる。

それまでの学園ドラマであれば、フィーチャーされるのは優等生役や不良生徒役といった特定の目立つ生徒に限られ、ほかはその他大勢的な扱いだった。しかし、リアリズムを追求する『金八先生』は違っていた。生徒のタイプが違えば、当然抱える悩みも違ってくる。『金八先生』では、毎回違う生徒が主役になった。したがって、同年代の視聴者にとって、それが憧れであれ共感であれ、はたまた疑似恋愛の対象であれ、なんらかのかたちで感情移入できる生徒を見つけやすくなっていた。

そうしたなかから、アイドル的人気を博す生徒も生まれてくる。第1シリーズから、同じジャニーズ事務所所属である田原俊彦、野村義男、近藤真彦の3人が「たのきんトリオ」として爆発的な人気を博したことは有名だろう。野村と近藤は同じ1964年生まれで、実際に中学3年生だった。役柄に応じて、影のある不良の田原、優しい柔和な雰囲気の野村、悪ガキで憎めない近藤といったキャラクターの棲み分けもきちんとされていて、ファン層も重ならなかった。それは、いま述べたリアルなクラスという『金八先生』のコンセプトから自ずと生まれたものだった。

ジャニーズ事務所は、1970年代前半にはフォーリーブス、そして郷ひろみの活躍で上り調子にあったが、1970年代後半にはその勢いも衰え、苦境に立たされていた。それを救ったのが「たのきんトリオ」であり、ひいては『金八先生』だったことになる。その後も子役というわけではないが、ひかる一平（第2シリーズ）などジャニーズタレントが、『金八先生』の生徒役をきっかけにアイドル歌手としてデビューする流れが定番化した。

『金八先生』から生まれた女性アイドルたち

『金八先生』の女子生徒役からも、アイドルが生まれた。

第1シリーズでは、いまや国会議員となった三原順子（現・三原じゅん子）が、それにあたる。武闘派の番長だが優しい一面もあるといった典型的な不良、いわゆるツッパリの山田麗子役を演じて人気を得た三原は、1980年に「セクシーナイト」で歌手デビューを果たし、1982年には『NHK紅白歌合戦』にも出場した。1964年生まれの三原は、1972年に東京宝映テレビ所属として芸能活動を始めた子役でもあった。

歌手というわけではないが、第2シリーズ（1980年放送開始）でアイドル的人気だったひとりが、優等生のマドンナ・迫田八重子役を演じた川上麻衣子である。スウェーデンのストックホルムで1966年に生まれた川上は、帰国後児童劇団ピノキオに所属し、子役としての活動をスタートさせた。

川上によれば、人気シリーズとなった『金八先生』への出演については、当人以上に所属事務所の気合の入り具合がすごかった。第1シリーズの人気で「金八に出れば売れるぞ」という定評が業界関係者のあいだで生まれ、オーディションにも「若いながらも厳しい雰囲気」があったという（『週刊アサヒ芸能』2013年1月17日号）。

『金八先生』の生徒役は、それから後も人気者へのプラチナチケットのようになっていった。たとえば男子生徒では、ジャニーズ所属のタレント以外にも第6シリーズの中尾明慶（1988年生まれ）や第7シリーズの濱田岳（1988年生まれ）、女子生徒で言えば第6シリーズの本仮屋ユイカ（1987年生まれ）や第4シリーズから金八の娘・坂本乙女役で登場した星野真理（現・星野真里）（1981年生まれ）などがいる。

そうしたなか、『金八』シリーズ全体を通してみてもアイドルとして飛び抜けた人気を誇ったのが、第2シリーズに赤上近子役で出演した伊藤つかさである。

伊藤は1967年東京生まれ。5歳で劇団いろはに入った。ちなみに劇団いろはは、1965年に創設。前述の高野浩幸もそうだったが、ほかにも芸人・俳優として活躍する片岡鶴太郎、朝ドラ『虹を織る』（1980年放送開始）の主役を務めた紺野美沙子、歌手として有名な高樹澪、また子役から特撮ドラマ出演、さらに伊藤つかさと同じくアイドル歌手になった林寛子らを輩出している。

伊藤つかさが劇団に入ったのは、母親自身がとても人見知りで、娘にはそうなって欲しくないと思ってのことだった。だが実際、伊藤つかさも人見知りだった。それゆえ笑う演技が苦手で、スタッフが隠れて足の裏をくすぐることもあったという（吉田豪『元アイドル!』、1

31頁）。

『金八先生』の第2シリーズは、いまもなお語り草になっている。当時社会問題になっていた校内暴力を正面から扱ったこと、そのストーリーに絡む転校生・加藤優を演じた直江喜一、不良の松浦悟を演じた沖田浩之らの好演もあって、大きな話題となった。平均世帯視聴率26・3％、最高世帯視聴率34・8％を記録し、第1シリーズに続き人気となった。

伊藤つかさが演じた赤上近子は、決して目立つ生徒ではない。野球部のマネージャーで女子高に進学希望。教室でもむしろ、控えめで大人しい印象だ。だが、なんとなく気になる存在である。すなわち、役柄自体がアイドル的で、癒される笑顔やチャームポイントの八重歯の魅力と相まって、男性視聴者を中心に高い人気を集めた。当時アイドルとして絶頂の松田聖子を抜き、ブロマイド売り上げ第1位になったことがあるのは、その証である。余談になるが、当時タモリも大の伊藤つかさファンで、『笑っていいとも！』の「テレフォンショッキング」は、タモリが伊藤つかさに会いたくて始めたものだった。

伊藤つかさがきっかけだった子役の労働基準法問題

そして「たのきんトリオ」や三原順子らと同様に、伊藤つかさも歌手デビューを果たすことになる。

デビュー曲は「少女人形」（1981年発売）。「夢を見る人形と　みんな私を呼ぶの」と始まる歌詞は、ほのかな恋心を抱きながら、相手になかなか告白することのできない純情な少女の姿を歌った内容で、しっとりとした曲調とも相まって伊藤つかさのイメージにぴったりの一曲だった。シンガーソングライター・南こうせつの作曲という点でも話題になり、オリコン週間シングルチャートでも5位に入るヒットとなる。

ただ本人は歌が大の苦手で、最初は歌手デビューを断った。するとスタッフは、「レッスンもしなくて、そのままでいい」と言って説得した。伊藤つかさの歌を聞いた南こうせつも、「こんなヘタクソな子は初めて」と言ったらしい（同書、134頁）。しかし、そうしたたどしさが逆にはかなげな魅力となって、ヒットにつながったという面もあった。

とはいえ、人見知りの伊藤つかさにとって、歌を人前で披露することは恥ずかしい以外の何物でもなかった。当然、歌番組への出演などはもってのほかである。

伊藤の歌手デビュー当時人気絶頂だった歌番組が、黒柳徹子と久米宏が司会の『ザ・ベストテン』（TBSテレビ系、1978年放送開始）である。番組の売りは、徹底したデータ主義。レコード売り上げや視聴者からのハガキリクエストなどの集計データのみで順位を決め、10位以内に入った曲を歌うすべての歌手に出演交渉をする。「少女人形」も最高位4位を記録するなどベストテン入りしたため、当然出演依頼がきた。

だがいま述べたように、伊藤つかさにとって歌番組への出演は苦痛でしかなかった。しかも『ザ・ベストテン』は生放送である。否が応でも緊張は極限に達する。

そこで伊藤つかさが出演を辞退するために考えた苦肉の策が、労働基準法を理由にすることだった（同書、134－138頁）。『ザ・ベストテン』の放送は夜9時からで、夜8時以降中学生は生出演できないという労働基準法の規定を理由に出演を断ったのだった（事前収録での出演はあった）。

この労働基準法の適用は従来芸能関係については曖昧なところもあり、ドラマや映画の撮影現場では夜8時以降も子役が働くケースは珍しくなかった。ところが、伊藤つかさが人気アイドルだったこともあって、この『ザ・ベストテン』の一件は世間でも大きな注目を浴び、以降子役の労働時間制限の適用はより厳密なものになっていく。伊藤にとっては、生放送の歌番組に出ないでよくするための方便にすぎなかったものが、芸能界に大きな一石を投じるという予期せぬ結果を生んだわけである。

小学校が舞台だった『熱中時代』

学園ドラマの話に戻る。高校、中学と来れば、次は小学校である。とはいえ、小学校が舞台の学園ドラマは従来多くなかった。学園ドラマは青春ドラマの色合いが濃く、その意味では小学校は描きにくいということもあっただろう。しかしこの時期になると、そうした作品からもヒット作が生まれるようになる。

その先陣を切ったと言えるのが、1978年放送の『熱中時代』(日本テレビ系)である。主人公の先生・北野広大役を演じたのは、水谷豊。先述のように水谷豊も子役出身である。その水谷がたくさんの子役たちと接するドラマで主演するというところに、不思議な巡り合わせを感じなくもない。

ドラマは、新米教師・北野広大と彼が担任を務める小学3年生のクラスの生徒たちとの交流の日々を描いたもの。時には周囲の教師と対立しても、広大は生徒の立場に立って親身に考え、ともに悩む。そんな教師としての理想を具現したような姿が共感を呼んだ。また小学生を演じる子役たちの演技とも素ともつかないような、ある意味演技を越えた自然な演技が新鮮でもあった。反響は大きく、最終回には世帯視聴率40・0%を記録するほどの社会現象的人気になった。

この『熱中時代』も、『金八先生』と同じくリアリズムを追求した学園ドラマだった。教育の専門家に監修を依頼し、当時の小学校の実情を踏まえたドラマ作りをしていた。生徒役は、日本児童、劇団ひまわり、劇団若草、劇団いろはといった児童劇団に所属する子役たちだった。

出演した子役のなかで有名になったのは、主題歌「ぼくの先生はフィーバー」（1978年発売）を歌った原田潤である。1969年生まれの原田はレギュラーの生徒役ではなかったが、第10話にゲスト出演している。歌もヒットし、バラエティ番組にも出演した。

もうひとり忘れてならないのは、『熱中時代』第2シリーズ（1980年放送）に出演した二階堂千寿（ちひろ）である。

第1シリーズの最後、北野広大は家庭の事情で教師を辞めて郷里の北海道に戻る。続く第2シリーズは広大が再び小学校教師に復帰するところから始まるのだが、その際北海道で面倒を見ていた身寄りのない小学生、川瀬みね子と東京で一緒に暮らすことになる。そのみね子を演じたのが二階堂千寿だった。当然北野広大と川瀬みね子の2人だけのシーンも多く、この第2シリーズの中心は広大とみね子と言ってもいいくらい、重要な役柄だった。1969年生まれの二階堂千寿は当時11歳。にもかかわらず、水谷豊、さらには下宿先の家族の役である船越英二、草笛光子らを相手に堂々とした演技を披露し、注目された。

「ませた子ども」の学園ドラマ、『うちの子にかぎって…』

同じく小学校を舞台にしたドラマの代表格と言えるのが、『うちの子にかぎって…』（TBSテレビ系、1984年放送）である。

『金八先生』と同じ金曜夜8時の枠で、主演は田村正和。それまではクールでニヒルな二枚目の象徴のような存在だった田村が小学校の先生役、しかもコメディタッチのドラマに出演ということで話題を呼んだ。視聴率も良く、続編も制作された。

このドラマのポイントは、小学生がみんなませているところである。子どもらしい純粋さとは無縁で、大人顔負けの一面を見せて教師や親たちは呆気に取られる。学級新聞を作ったはいいが、写真週刊誌のように先生のプライベートを調査して暴露記事を載せる。また、児童会の役員選挙では買収紛いの運動が横行する。両親の離婚話に醒めた反応を示す生徒もいる。田村正和演じる石橋徹ら先生たちは、そうしたいまどきの小学生たちに振り回され、翻弄される（前掲『TV青春白書　まるごと一冊学園ドラマの本』、108頁）。そんなちょっとブラックなドタバタコメディを小学生が演じるところがなんとも新鮮だった。

それは、『熱中時代』などの理想主義へのアンチテーゼであったのかもしれない。そしてその分、生徒も個性派が揃い、子役にとっても存在感を示す格好の場になった。

田村正和とのつながりで言うと、同じ1974年生まれの鈴木美恵子と西尾麻里（現・西尾まり）が生徒役で出演していた。ともに子役で活躍し、現在も俳優業を続けている。2人は『パパはニュースキャスター』（後述）で、今度は親子役で田村正和と再び共演することになる。

このドラマで一躍注目され、アイドルとして高い人気を獲得したのが高橋良明である。高橋は、1972年東京生まれ。小学生で児童劇団東京宝映に入った。そして『うちの子にかぎって…2』に続き、植木等、所ジョージと共演した『オヨビでない奴！』（TBSテレビ系、1987年放送開始）では主演に抜擢。同時に「天使の反乱」（1987年発売）でデビューを果たし、オリコン週間シングルチャートの9位に入るなど歌手としても活躍する。ところが、人気絶頂のさなか、バイクで交通事故を起こして亡くなってしまう。まだ16歳だった。

『うちの子にかぎって…』は、ドラマのなかでの子役のありかたに一石を投じたと言えるだろう。純粋無垢で可愛らしいだけでなく、子どもも大人と変わらないしたたかで計算高い部分を持つ。そのような役柄を演じる選択肢が増えたことで、子役のモードが変わった。

その転機となった作品が、『うちの子にかぎって…』だった。

②1980年代ホームドラマと子役たち

『パパはニュースキャスター』の子役史的意味

ホームドラマにも、大人と対等に渡り合う役柄を演じる子役が登場するようになった。たとえば、長渕剛主演の異色のホームドラマ『親子ジグザグ』（TBSテレビ系、1987年放送）に出演した伊崎充則（現・伊嵜充則）（1977年生まれ）などもそうだが、先ほどふれた二階堂千寿も、『早春スケッチブック』（フジテレビ系、1983年）で大人と対峙するような役柄を演じている。

この作品は、前述の『岸辺のアルバム』など、一見幸福な家庭に起こる崩壊の危機、そして再生を描く名手として新たなホームドラマの時代を切り拓いた山田太一の脚本によるもの。二階堂は、岩下志麻演じる女性の娘で中学生。岩下のかつての恋人であるカメラマンの男性、山﨑努の登場で、どこにもあるような平穏で幸福な家庭に亀裂が走り、それぞれが秘かに抱えていた問題があらわになる。だがそうしたなかにも、二階堂演じる娘は、山﨑努演じる男性との対話や交流のなかで精神的な成長を遂げる。そんな難しい役柄を、二階堂千寿は存在感たっぷりに演じた。

また、大人と対等な子役が登場するホームドラマとして、『パパはニュースキャスター』(TBSテレビ系、1987年放送開始)もあった。

先述の通り、主演は田村正和。田村は、人気の独身ニュースキャスター・鏡竜太郎役だ。ある日、突然鏡の自宅に3人の女の子が訪ねてくる。いずれも「愛」(めぐみ)という名で、全員が父親は鏡だと主張する。身に覚えのない鏡だが、結局3人の娘との奇妙な同居生活が始まる。

世間のイメージを守るため娘の存在がバレないように慌てる鏡、そんなことは意に介さず口が達者で我が物顔に振る舞う娘たちといったコントラストの妙も面白く、洗練されたコメディに仕上がった。一方で父と娘の不器用ながらも愛情が深まっていくプロセスもきっちり描かれ、平均世帯視聴率22・0%を記録する人気ドラマとなった。

3人の娘を演じたのは、先ほどふれた通り、『うちの子にかぎって…』にも出演した西尾麻里、鈴木美恵子、そしてもうひとりが大塚ちか子である。1972年生まれの大塚は、劇団いろはに所属していた。『熱中時代』の第2シリーズに出演した経歴もある。2000年代まで多くのドラマや映画に出演していたが、現在は芸能活動から引退している。

気ままに暮らしていた独身男性が突然小さな女の子と同居し、親の立場になるという展開は、石立鉄男と杉田かおるの『パパと呼ばないで』を思い起こさせる。ただ、『パパはニュースキャスター』のほうが子どもたちの年齢は高く、もっとませている。言い換えれば、「生意気」だ。このあたりは、主演や子役だけでなく、プロデューサーや脚本家も同じなので、『うちの子にかぎって…』を踏襲したひとつの狙いということだろう。

『おしん』小林綾子の「普通の生きかた」

もちろん一方で、古典的なホームドラマもまだ健在で、そこに登場する子役が注目されるケースも続いていた。

その代表は、なんといっても朝ドラ『おしん』（NHK、1983年放送開始）、そして主人公・おしんの子ども時代を演じた小林綾子だろう。

ドラマは、明治生まれで戦中から戦後を生き抜いた女性・谷村しん（おしん）の生涯を描いた女性の一代記もの。つまり、朝ドラの王道中の王道と言える作品で、山形の貧しい小作農家に生まれ、幼くして奉公に出されたおしんが、さまざまな仕事や人との出会いを経て最終的にはスーパーマーケットチェーンの創業者として成功するまでを描いた。いわば、「近代日本の自画像」とも言える作品であり、橋田壽賀子の脚本は、おしんの波乱の人生を余すところなく描いて冴えわたっている。

主人公のおしんは、人生の各段階に応じて3人が演じた。中年から老年期は乙羽信子、青春から成年期は田中裕子、そして少女期が小林綾子である。

特に少女時代では、寒村でのおしん一家の極貧の暮らし、それゆえおしんの身に降りかかる不幸、だがそうした逆境にも負けず生き抜くおしんの姿が密度濃く描かれ、多くの視聴者を惹きつけた。7歳で奉公先の材木問屋に向かうためいかだで最上川を下っていくおしん（小林綾子）を父（伊東四朗）と母（泉ピン子）が涙ながらに見送るシーンは有名だ。視聴率も平均世帯視聴率52・6％、最高世帯視聴率62・9％と驚異的なもので、この記録はテレビドラマ史上最高視聴率としていまだに破られていない。

小林綾子は、1972年東京生まれ。最初はバレエがやりたいと母親に望み、そこで入ったのがバレエの授業のある東映児童演技研修所という児童劇団だった。5歳のときである。以降、劇団が東映の関係だったこともあり、『仮面ライダー』シリーズや『Gメン'75』

（TBSテレビ系、1975年放送開始）、『特捜最前線』（テレビ朝日系、1977年放送開始）などにゲスト出演していた。

『おしん』への出演は、オーディションで決まったものだった。NHKから劇団のほうに要請があり、小林は同じ劇団の子ども何人かとオーディションを受けた。夏休みに1回目の選考があり、最終的に5回の選考を経て決まったという（前掲『ぼくらが子役だったとき』、38－39頁）。

周囲の小林綾子を見る目は、社会現象を巻き起こした『おしん』出演を境に大きく変わった。「自分自身は変わっていないのに、周りからの「見られ方」だけが変わってしまった」（同書、39頁）。「知らない人から指をさされることなどに戸惑い（略）、外を歩くときは伏し目がちになっていた」（同書、41頁）と小林は振り返る。

ただ、芸能プロダクションではなく劇団所属だったことが、小林綾子にとっては大きかった。普通ならオファーが殺到して芸能活動一本になってもおかしくないが、『おしん』以後は学業優先で、小林は結局大学まで進学することができた。そして卒業後は、再び俳優業にも力を入れ始めた。

つまり、小林綾子は学業と仕事をバランスよく両立させた。子役の先輩である中山千夏は、それを「子役として、ある意味まれなケース」（同書、44頁）と言う。かつての子役たちは、小学校にも満足に通うことができないケースも珍しくなかった。なかには「学校が嫌い」（和泉雅子）でそれを望んだケースもあったが、理由はともあれ、子役という存在がいかに社会的にみて特殊だったかということがわかる。

ただ、1980年代から1990年代くらいになると、変化が出てくる。子役もまた他の子どもと同じひとりの人間である。本人も周囲もそう考え、主体的に人生の選択をするようになる。学歴に関しては、大学進学率の上昇とともに高学歴化が進む社会の側の変化もあっただろう。いずれにせよ、「普通の生きかた」を子役が求めるようになるのである。

橋田壽賀子は、時代にアップデートしようとする努力を重ねながら、古典的なホームドラマの世界を守り続けた。1990年には石井ふく子と組み、長寿人気シリーズとなった『渡る世間は鬼ばかり』（TBSテレビ系）がスタート。よく知られるように、この作品からも、中華料理店「幸楽」を営む小島家の長男・眞を演じたえなりかずきという子役スターが誕生した。

えなりかずきは、1984年東京出身。前出の劇団いろはの所属で3歳から子役として仕事を始めた。俳優業以外に2001年にはつんく♂プロデュースで歌手デビュー。その曲「おいらに惚れちゃ怪我するぜ！」で同年の『NHK紅白歌合戦』にも出場した。バラエティ、情報番組のMCやコメンテーターでも活躍している。ちなみに彼も大学に進学していて、その面では子役の生きかたの変化を感じさせるひとりである。

子役の「密着ドキュメンタリー」でもあった『北の国から』～吉岡秀隆と中嶋朋子

1980年代におけるホームドラマの子役ということになると、『北の国から』(フジテレビ系)にもふれないわけにはいかない。

『北の国から』は、まず1981年から1982年にかけて連続ドラマとして放送された。以降、8本のスペシャルドラマが2002年まで制作されることになる。倉本聰の脚本による、いまでも熱烈なファンの多い作品である。

物語は、東京で暮らしていた黒板五郎(田中邦衛)が2人の幼い子ども、純(吉岡秀隆)と螢(中嶋朋子)を連れて故郷の北海道・富良野に移住するところから始まる。大自然をバックに親子の絆を印象的なエピソードとともに描いたホームドラマだが、同時に小学生の年齢から登場する2人の子どもが、豊かな自然、そしてさまざまな人との出会いのなかで、時には困難に遭いながらも大人になっていく成長のプロセスを丹念に描いたドラマでもある。ナレーションが吉岡秀隆演じる純の独白であることは、その点を象徴するものだ。

その結果、多くの視聴者は、フィクションとリアルの違いを越えて、純と螢の成長を吉岡秀隆と中嶋朋子のそれにオーバーラップさせたはずだ。その意味では、『北の国から』は子役の「密着ドキュメンタリー」であり、子役史のなかでも特筆すべき作品になっている。

妹の螢を演じた中嶋朋子は、1971年東京出身。1975年に劇団ひまわりに入った。そこから子役の活動を始め、1981年10歳のときに『北の国から』に出演する。第1話では小学2年生の設定だが、撮影は放送よりだいぶ前の時点ですでにおこなわれていたので、ほぼ本人の年齢と一致していた。その後、スペシャルドラマでは、螢が恋愛し、結婚・出産するなど大人になっていくプロセスが順を追って描かれ、中嶋は結局22年間螢役を演じた。

兄の純役の吉岡秀隆は、1970年生まれで埼玉県出身。4歳で劇団若草に入った。ドラマ・映画出演のほか、歌手活動もするなど多彩で、なかでも映画『男はつらいよ』には、『北の国から』が始まった1981年の第27作から寅さんの甥の満男役でレギュラー出演するようになった。このようにテレビと映画の両方で長寿シリーズの代表作があるというのも、かなり珍しいだろう。

言い換えれば、吉岡秀隆は、映画では山田洋次、テレビでは倉本聰といった重鎮の作品に子役時代から参加したことで、それぞれの世界の伝統を体験的に継承するような俳優になった。現在、同じくらいの世代でそのような立ち位置の俳優は多くないだろう。『北の国から』にしても『男はつらいよ』にしても、どちらも吉岡秀隆の子役から大人の俳優への成長過程が映像に記録され、焼き付けられている。現在も『Dr.コトー診療所』（フジテレビ系、2003年放送開始）など数々の映画、ドラマで活躍する吉岡は、子役史のなかでも貴重な存在と言えるだろう。

③バラエティ番組と子役たち

バラエティ番組と子役、その前史

他方で、1980年代に至ると、子役の活動の幅はドラマや映画以外にも広がった。その代表が、テレビのバラエティ番組である。1980年代は、漫才ブームから始まってテレビが「笑いの時代」になり、バラエティ志向がぐんと強まった時期であった。そのなかで子役も、バラエティ番組での活躍が目立つようになっていく。そのことは、子役の世界にとっても大きな出来事だった。

とはいえ、バラエティで活躍する子役はそれまでもいなかったわけではない。

1960年代のキャロライン洋子は、そのひとりだ。アメリカ人の父と日本人の母を持つ彼女は、1962年東京生まれ。歌手・俳優として活躍した実兄の黒沢浩とともに、幼いころから劇団若草に所属した。

当時まだ貴重だったバイリンガルのタレントとしてラジオの英語講座にも出演したが、バラエティへの出演でも目立っていた。子ども向け番組『おはよう!こどもショー』(日本テレビ系、1965年放送開始)などにも出演したが、なかでも有名なのは伝説的バラエティ番組『巨泉×前武ゲバゲバ90分!』(日本テレビ系、1969年放送開始)への出演だろう。

この番組は、『光子の窓』(日本テレビ系、1958年放送開始)の演出などで日本のテレビバラエティの祖型を作った日本テレビ(当時)の井原高忠が企画したもの。アメリカの『ラフ・イン』という番組を参考に、ナンセンスでシュールなショートコントの連続という大胆な構成で視聴者を驚かせた。それらのコントの合間に入るブリッジとして、クレージーキャッツのハナ肇がヒッピー姿に扮して発する「アッと驚く為五郎」もウケて、流行語になった。宍戸錠、コント55号、朝丘雪路など出演者も豪華だったが、キャロライン洋子は1970

年から放送された第2期に出演している。

前述したが、『笑点』（日本テレビ系、1966年放送開始）の座布団運び役で有名な山田隆夫（現・山田たかお）も子役だった。1956年東京生まれの山田は、10歳のときに『日清ちびっこのどじまん』（フジテレビ系、1965年放送開始）に飛び入り参加して優勝し、その後劇団ひまわりに所属した（『週刊女性』2022年4月12日号）。

1970年からは『笑点』の「ちびっ子大喜利」に出演。そこで座布団10枚を獲得し、そのご褒美としてレコードデビューを果たす。そのとき山田が結成したグループがずうとるびで、「みかん色の恋」（1974年発売）などが大ヒット。アイドルとしてブレークし、『NHK紅白歌合戦』にも出場を果たした。

ほかにも杉田かおるなど、小さい頃からバラエティ出演の経験がある子役は少なくないが、ここでは同じ1970年代からもうひとり、香坂みゆきにふれておこう。

香坂みゆきは、1963年神奈川県生まれ。3歳のときに、横浜のデパートでモデル事務所にスカウトされ、CMモデルや学年別学習誌の表紙モデルなどをしていた（『女性自身』、2022年5月8日付け記事）。

転機が訪れたのは、1975年12歳のとき。萩本欽一の冠バラエティ番組『欽ちゃんのドンとやってみよう！』（フジテレビ系、1975年放送開始）に出演し、番組の高視聴率もあって存在を知られるようになった。この番組は、萩本がやっていたラジオ番組が原型で、そのため視聴者からの投稿ハガキをもとに進行する。香坂は、萩本の横に座ってハガキを読んだり、萩本とやり取りをしたりするアシスタント的役割だった。その後、14歳でアイドル歌手としてデビューを果たす。同時に、ドラマなどでも活躍した。

香坂みゆきで注目すべきは、この頃の子役の多数を占める児童劇団出身ではなく、年少のころからモデルを務め、その流れで子役になったことだろう。バラエティ番組がブレークのきっかけになったことも、当時としては異色だった。つまり、〝子役＝演技をする〟というイメージとは外れたところから登場した子役だったわけである。

欽ちゃん番組から「仮面ノリダー」へ～バラエティで輝いた子役たち

テレビの歴史という意味で『欽ちゃんのドンとやってみよう！』が重要なのは、萩本欽一が素人と絡む笑いのスタイルを確立したことである。

たとえば、この番組では萩本自身がロケに出かけ、商店街などにいる素人と絡んで笑いを生み出すのが定番だった。萩本が街行く素人にマイクを向けて番組タイトルを叫んでほしいとお願いする。その際、「番組タイトルはこれ」、「元気よく」、「叫びながら右手を上に突き出して」などといくつか注文をつける。ところが素人は、カメラを向けられることに慣れていないため、「欽ちゃんのドーン!」で終わってしまったり、手を突き出すことを忘れてしまったり、言い終わった後に「これでいいの?」と聞いてしまったりする。すると萩本は、ちゃんとできるまで繰り返させる。その失敗に笑いが生まれるという仕組みだった。

笑いの素人という点では、バラエティ経験のない香坂みゆきも同じである。当時十代前半だった香坂にも、萩本は投稿ハガキの読みかたをツッコんだり、色々とアドリブでやらせようとしたりする。そうしたなかで、香坂は素人と同様に笑いの一翼を担った。

実際これ以降も、萩本は自身の番組に子役を起用するようになる。『欽ちゃんのどこまでやるの!』(テレビ朝日系、1976年放送開始)はホームドラマ仕立ての設定で、萩本欽一が父親の一家がコントを演じる番組。そのなかで萩本の子ども役で起用されたのが、見栄晴(藤本正則)である。

見栄晴というのは番組中の役名で、それが後にそのまま芸名になった。番組に登場したのは1982年から。1966年生まれの見栄晴はすでに高校1年生ではあったが、それ以前から劇団いろはに属し、『金八』と同じ「桜中学」を舞台とした学園ドラマ『1年B組新八先生』(TBSテレビ系、1980年放送)で生徒役を演じるなどしていた。

また、見栄晴には、番組中でのぞみ・かなえ・たまえの三つ子の妹がいた。それぞれ高部知子、倉沢淳美、高橋真美が演じ、出演開始当時全員が中学3年生だった。これも萩本欽一との絡みで人気の出た3人は、その後「わらべ」というグループ名で歌手デビュー。番組挿入歌の童謡テイストの曲「めだかの兄妹」(1982年発売)が大ヒットし、一躍アイドルとなった。

1980年代中盤には、『所さんのただものではない!』(フジテレビ系、1985年放送開始)に出演して人気者になったカケフくんと間下このみがいる。

カケフくんの本名は相良健治。1977年生まれで東京出身。最初は、当時人気のプロ野球選手、阪神タイガースの掛布雅之のそっくりさんとして出演したことで「カケフくん」と呼ばれるようになった(本人も阪神タイガースの帽子がトレードマークだった)。

間下このみは、1978年東京生まれ。彼女の場合、ブレークのきっかけはCMだった。キッコーマンのインスタント雑炊「ガンバレ玄さん」のCMで歌を間違う愛らしい姿が評判となり、その後『スクール☆ウォーズ』(TBSテレビ系、1984年放送開始)にも出演した。

『所さんのただものではない！』の人気企画に、あるお題について子どもがヒントを出し、それをもとに大人が正解を考えるというクイズ形式のコーナーがあった。その際、子どもがあまり使わない単語だったりすると、まだ小学校低学年の子役たちは、往々にして勘違いしたヒントを出すことになる。

とりわけカケフくんはそのようなことが多く、「ビキニ」を「ニキビ」と勘違いし、ヒントとして「顔のところにプチプチッと注射の痕みたいなのがある」というヒントを出し、それで解答者が混乱したりする。一種の〝天然ボケ〟だが、それがいかにもまだあどけないカケフくんの口から発せられるので、変に勘繰ることなく笑えるというわけだった。

そして『とんねるずのみなさんのおかげです。』（フジテレビ系、1988年放送開始）からは、伊藤淳史が人気者になった。伊藤は1983年千葉県生まれ。3歳から劇団日本児童に所属した。ドラマなどに出演するなか、一躍世に知られるようになったのが、『とんねるずのみなさんのおかげです。』の人気コーナー「仮面ノリダー」への出演である。仮面ライダーのパロディで、木梨憲武扮する仮面ノリダーとともに悪と戦う「チビノリダー」が伊藤淳史の役柄だった。当時伊藤は4歳。実力派俳優として現在も活躍している。近年は木梨憲武とCMで共演していて、当時を知る人間には感慨深いものがあるだろう。

『あっぱれさんま大先生』、そしてバラエティ番組が子役に求めたもの

このように、1980年代に子役のバラエティ番組進出は本格化した。そしてそのひとつの集大成とも言えるのが、『あっぱれさんま大先生』（フジテレビ系、1988年放送開始）である。

番組のメインは、明石家さんま。さんまが先生役で、子役たちが生徒役という設定である。ただしドラマではないので、台本はない。すべて、フリートークである。子役たちが自由気ままにする発言を、さんまが引き取って臨機応変に笑いに変えていく。言うならば、〝学園ドラマのバラエティ版〟である。

子役たちは、むろん笑いに関してはみな素人である。だが、そうした素人相手のフリートークにずば抜けた冴えを見せる明石家さんまの手腕のおかげで、多くの人気者が生まれた。

後年俳優になったケースとしては、山崎裕太（1981年生まれ）、前田愛（1983年生まれ）、加藤諒（1990年生まれ）など。また花澤香菜（1989年生まれ）や日高里菜（1994年生まれ）は、後に人気声優となった。バラエティの才を示した存在としては住吉ちほ（1979年生まれ）、有田気恵（1983年生まれ）もいるが、現在もタレントを続ける内山信二（1981年生まれ）がそのぽっちゃり体形のキャラ立ちした可愛らしさもあって、番組のシンボル的な存在になった。

この番組の演出を務めたフジテレビの三宅恵介によると、出演する子役はオーディショ

ンで決めた。その場には、明石家さんまも審査員として出席していたという。そしてその際、選考基準になったのは、〝子どもらしい子ども〟だった（三宅恵介『ひょうきんディレクター、三宅デタガリ恵介です』、195頁）。

ただ、バラエティ番組なので、演技の巧拙は関係ない。ここで言う〝子どもらしい子ども〟とは、「自分が思っていることや感じていることを素直に言葉・表情・態度で表現できる子ども」である。たとえば、前述した劇団若草では、挨拶などの礼儀が厳しく叩きこまれていた。それは教育的理念を持つ児童劇団では当然の方針だった。だが三宅恵介や明石家さんまは、それを芸能界慣れしてしまっているととらえ、挨拶のきちんとしている子役はその段階で不合格にした。実は後藤久美子もこの番組のオーディションを受けていたのだが、ちゃんとしていたがゆえに落としたという（同書、195－196頁）。

ここからわかるのは、ドラマで求められる子どもらしさとバラエティで求められる子どもらしさは必ずしも同じではないということである。

前章でふれたように、坂上忍は、「バラエティは即興劇」であり、「アドリブ芝居」だと語っていた。そのベースにあるのは、すべては演技だというとらえ方である。一見交わらないドラマとバラエティも、演技の一環ということで結びつく。実際、坂上忍、そしてこちらも「即興劇が好き」と言う杉田かおるも、大人の年齢になってからではあるが、〝毒舌キャラ〟を完璧に演じることによってバラエティの世界で成功した。

それに対し、三宅恵介や明石家さんまは、素の部分の面白さを子役に対して求めたと言えるだろう。もちろん子役は純然たる素人の子どもに比べれば場慣れしているだろうが、そのうえで三宅やさんまは、演技よりも素の面白さを発揮できそうな子役を選んだ。それは、子役の歴史における大きな価値観の転換に結びつくひとつの出来事だったと思える。

素の魅力が求められるようになれば、アイドル化の流れも強まる。アイドルもまた、素人っぽさが大きな魅力の要素になるからである。前出の伊藤つかさなども、その素人感が主たる人気の理由だった。

だが伊藤つかさの場合は、守ってあげたくなるような、自己主張の希薄な古典的なタイプのアイドルだった。ところが、1980年代後半になると、同じ素の魅力と言っても、はっきりした自己主張を前面に押し出すような、伊藤つかさとは真逆なタイプのアイドル的子役の時代がやってくる。その先頭には、『あっぱれさんま大先生』への出演が叶わなかった後藤久美子、そしてもうひとり宮沢りえがいた。そのあたりの詳しい様子は、章を改めて見ていくことにしたい。

第3章

自己主張を始めた子役たち

〜1980年代後半から1990年代の転換

▽後藤久美子▽宮沢りえ
▽安達祐実▽小川範子
▽高橋かおり▽坂上香織
▽観月ありさ▽前田愛▽花澤香菜
▽吉野紗香▽野村佑香
▽ウエンツ瑛士▽生田斗真
▽大島優子

①「国民的美少女」後藤久美子の登場

劇団からモデルへ、ドラマからCMへ

1980年代後半に差し掛かったころ、子役の世界に一種の地殻変動が起こった。演技をするドラマや映画、素の部分を見せるバラエティのいずれにも共通する「子役は従順で素直であるべき」という古くからの規範に逆らうように、〝自己主張する子役〟が頭角を現し、俄然世間の注目を集めるようになる。その先頭に立っていたのが、奇しくも同学年の後藤久美子であり、宮沢りえであった。

彼女たちが芸能界に入る経緯もそれまでとは少し変わっていた。ここまで述べてきたように、戦後多くの人気子役はまず児童劇団に入り、そこからドラマや映画の世界で活躍するというルートを経ていた。ところが、後藤久美子にしても宮沢りえにしても、彼女たちはモデルとしてスタートし、そこからブレークした。

その際、新たな人気獲得のきっかけとなったのが、CMである。背景には、バブル景気を迎えつつあった当時の日本経済の活況がある。総じて豊かになった国民のあいだで消費志向が強まるなかＣＭの効果が重視されるようになり、したがって制作費も潤沢になった。するとそこに才能あるクリエイターも多く集まる。必然的にＣＭのクオリティも高まった。映像に凝ったものや本家顔負けのドラマ仕立てのものなども登場し、ＣＭが単なる宣伝ではなく鑑賞に値するひとつの作品と見なされるようになった。広告は、花形産業になったのである。

それは、子役にとっても自分の存在を認知してもらう場がシンプルに増えることを意味した。またドラマとも違い、ＣＭは、子ども向けや家族向けのものなど商品・サービスの種類やキャンペーンのコンセプトによって子役がメインになるケースも少なくなかった。

確かに、前出の「マーブルチョコレート」の上原ゆかりのように、１９６０年代からＣＭでブレークする子役はいた。だがいま述べたように、消費志向の強まりのなか、１９８０年代はＣＭへの注目度が、その時代と比べてもぐんと高まった。糸井重里や川崎徹などがつくる「面白ＣＭ」が人気となり、エンタメ性も同様に高まった。その分、子役が人気者になるチャンスも格段に広がる。前章でふれた間下このみの「ガンバレ玄さん」のＣＭなどは、その一例だ。

つまり、これまでのように劇団で演技のレッスンを受け、映画やドラマで大人たちと共演するなかで一定の役割を与えられるのではなく、自分が中心となるモデルというルートからの出発、さらにそれと密接な関係にあるCMという自己表現の場ができたことで、子役はより自立しやすい状況に置かれたと言えるだろう。世の中も、男女雇用機会均等法の施行(1986年)などで、曲がりなりにも職場の男女平等を意識するようになった。むろんそれと直結するものではないが、そうした時代の雰囲気のなかで、女性子役を中心とした〝自己主張する子役〟の時代が始まるのである。

大河ドラマと「寅さん」で存在感を発揮した後藤久美子

まずは、主役のひとり後藤久美子からみていくことにしたい。

後藤久美子は1974年生まれ、東京・杉並区の出身である。小学4年生のとき、雑誌に載ったモデル募集の広告を見て、母親が受けてみることを勧めた。すると、48600人の応募者があったなかで優勝。以降、休日を利用して雑誌モデルの仕事をするようになった。当時の後藤は、姉がよく街でスカウトされていたのに、自分には声がかからないことに悔しさを感じていたという(後藤久美子『ゴクミ語録』、174頁)。

ドラマデビューは、小学6年生。NHKの『テレビの国のアリス』(1986年放送)という作品で、『不思議の国のアリス』をモチーフにしたものである。当時最新のCGを使ったファンタジーで、後藤久美子はテレビの国に入り込んでしまう女の子の役だった。

続けて出演したのが、NHKの『続・たけしくんハイ!』(1986年放送)である。ビートたけしが自らの幼少期を綴った人気の自伝的エッセイが原作で、第1弾の好評を受けて制作された続編である。後藤久美子は、小学6年生のたけし(小磯勝弥)の初恋相手となる1つ年上の伊藤弘子を演じた。

ただし、2人は同学年。弘子は病弱で進級が遅れたという設定だった。最後は亡くなってしまうという役柄だったが、後藤自身は、演出ディレクターに「病弱なんだから、もっとそれっぽく」と言われても、「私ねぇ、色は黒いし健康そのものだしね。そんなこと急に言われたってできないもん」と思っていた(同書、182頁)。

そんな後藤久美子の存在を世に広く知らしめることになったのが、NHK大河ドラマ『独眼竜政宗』(1987年放送)だろう。同作は、最高世帯視聴率47・8%、平均世帯視聴率39・7%を記録。この平均世帯視聴率は、大河ドラマ史上まだ破られていない記録でもある。主人公・伊達政宗を演じた渡辺謙も、これで一躍スターとなった。

ここで後藤久美子が演じたのは、伊達政宗と夫婦になる愛姫(めごひめ)の幼少期。結婚は政宗が13歳、愛姫が11歳のとき。戦乱の世のなかで、少しずつ距離を縮めていくまだ幼く初々しい夫婦の姿が視聴者を惹きつけた。少年時代の政宗を演じた嶋英二（1972年生まれ）もまた、前出の『うちの子にかぎって…』などに出演した人気子役だった。後藤は、やりがいを感じつつも、時代劇ならではの重いカツラや厚塗りメイクに苦戦していた（同書、188頁）。

そのうち、アイドル的存在になった後藤久美子を当て込んだようなドラマへの出演も増えた。連続ドラマ初主演の『同級生は13歳』（フジテレビ系、1987年放送）や沢口靖子と姉妹役を演じた『痛快！ロックンロール通り』（TBSテレビ系、1988年放送）などもあるが、なかでも『ママはアイドル！』（TBSテレビ系、1987年放送）は印象深い。

これは、中山美穂が中山美穂役で出演するというメタ視点を取り込んだ異色のドラマ。中学教師の男性と極秘に結婚して、アイドルを続ける中山美穂の周囲に起こる騒動を明るく描いたコメディである。後藤久美子は、三田村邦彦演じる男性の娘で中学2年生の水沢晶。父親の再婚を受け入れられず、中山美穂と衝突するという役どころである。その設定からしても、当代2大アイドルの豪華競演の感があった。

こうして着々とドラマでの実績を積んだ後藤久美子は、映画にも進出する。映画デビューは、仲村トオルと共演した『ラブ・ストーリーを君に』（1988年公開）で、ここでの彼女は、難病を抱える中学2年生の少女役だった。

そしてなんといっても大きかったのは、『男はつらいよ』シリーズへの出演だった。初出演は、1989年公開の『男はつらいよ ぼくの伯父さん』である。「寅さん」映画と言えば、渥美清演じる寅さんが一目惚れして結局振られることになるマドンナ役が毎回話題になるが、ここで後藤久美子演じる及川泉は、寅さんの甥の満男が恋する相手として登場する。満男役は、繰り返すまでもなく吉岡秀隆。ともに子役として一世を風靡した両人の共演だった。

ここから後藤久美子演じる泉は、翌1990年から1992年まで続けて、そして1995年と『男はつらいよ』に計5回登場し、紆余曲折を経ながらも満男と恋仲になることになる。シリーズ自体が寅さんと並んで満男の成長にフォーカスしていくようになるなかで、後藤久美子は、「もうひとりのマドンナ」としての存在感を十二分に示した。

「国民的美少女」になった「ゴクミ」、そして美少女ブーム

大河ドラマと寅さん。二大国民的コンテンツで確かな足跡を残した後藤久美子が、自身も「国民的美少女」と呼ばれたことは有名だろう。このフレーズをいつ誰が言い出したのかは定かではないが、「国民的」という形容からは、時代を味方につけた当時の後藤久美子の勢いが伝わってくる。それと同時に、「ゴクミ」という愛称も広まった。

1987年、彼女は「teardrop」で歌手デビューも果たしている。だが元々歌が好きではなかったこともあり、本格的な歌手活動に至ることはなかった。ただ、すでに人気だった彼女だけあって、同年4月放送の『ザ・ベストテン延長戦』(TBSテレビ系)にランクインする。しかし生放送出演については前章で述べた伊藤つかさの件があり、労働基準法の関係で出演することはなかった。

1980年代後半、それよりも後藤久美子の存在を強く印象づけたのは、ドラマ以外ではやはりCMだろう。この時期、後藤は数々の企業のCMに出演した。フルートを吹く姿をモチーフにしたCMもあるなど、それぞれに彼女の美少女イメージを念頭に置いたものだったが、なかでも印象的なものとしては国鉄最後のCMがある。1987年4月1日に国鉄が民営化され、JRへと変わる直前の1週間、日替わりで違うバージョンのCM7本が放送された。国鉄民営化は当時世の最大関心事であり、そのCMに起用されたことは、彼女が時代のアイコン的存在であったことを改めて物語るものだろう。

こうして、後藤久美子に端を発する「美少女ブーム」が始まる。そこには牧瀬里穂や桜井幸子のようにすでに高校生以上という場合もあったが、後藤久美子と同じ中学生、あるいはそれ以下の年代の子役たちも数多く存在していた。

たとえば、『3年B組金八先生』の特別編に出演し、また歌手としてもヒット曲を出した小川範子（1973年生まれ。「谷本重美」と名乗っていた時期もある）、映画『誘拐報道』（1982年公開）でデビューし、現在も俳優として活躍する高橋かおり（1975年生まれ）、俳優そしてアイドル歌手として活動し、その恵まれた容姿から「第二のゴクミ」とも呼ばれた坂上香織（1974年生まれ）、ドラマ、バラエティと幅広く活躍し、「リハウス」のCMでも有名な一色紗英（1977年生まれ）など、続々と子役出身の美少女タレントが登場した。

後藤久美子が所属していた芸能プロダクション・オスカープロモーションは、この機を逃さなかった。「第二の後藤久美子」発掘のため、1987年に大々的なコンテストを立ち上げる。それが、「全日本国民的美少女コンテスト」である。

その名の通り、優勝者の多くは年齢的に若かった。第1回のグランプリ受賞者・金谷満紀子（藤谷美紀）、同じく第2回の細川志保（細川直美）はともに中学2年生、第4回の小田茜、第5回の今村雅美に至っては小学6年生だった。また音楽部門、演技部門、モデル部門の賞、さらに審査員特別賞などが年によって設けられてきた。そのなかに米倉涼子（1992年選出。当時高校2年生）がいたことも有名だが、当時小学6年生で審査員特別賞になった上戸彩（1997年選出）は、その年齢もあり大きな話題を呼んだ。

本章の冒頭でも述べたが、そこには子役になる選択肢が増えたという側面がある。児童劇団にまず入るというルートもまだ健在だったが、そこにCMなどの出演募集、あるいはコンテストやオーディションといったかたちで直接芸能プロダクションに入るルートが活発化したのがこの時期と言えるだろう。

一方、1980年代は、アイドルの時代でもあった。当初は松田聖子、中森明菜、小泉今日子などのように高校生以上がデビュー年齢だったが、その後低年齢化が進む。前出の伊藤つかさなどは、そうしたひとりである。さらに1980年代後半になると、歌手以外からもアイドルが生まれるようになる。CMに出演する子役モデルは、その代表だ。それによって、歌や演技などのスキルとは無関係に容姿によってアイドルになれるというビジュアル重視の傾向が加速した。「美少女ブーム」とは、そのように子役とアイドル双方の歴史が交わったところに起こったものであったと思える。

『ゴクミ語録』と子役像の変化

また「美少女ブーム」には、芸能界のトレンドの変化というだけでなく、子役そのもののありかたの変化という側面もあった。そこでは、ビジュアルそのものよりも、低年齢でありながら大人顔負けに弁が立つ、あるいは物怖じしないといったキャラクターの魅力が前面に出てくるようになる。

後藤久美子が1987年に出版した『ゴクミ語録』は、そんな新たな時代の子役像を教えてくれる一冊である。

内容は、タイトル通り、後藤久美子の一人称による語り口調で綴られるエッセイである。家族のこと、仕事のこと、好きなものなどが語られるという意味では、よくある芸能人本だ。だが、その言葉のセンスや語り口は、当時としては斬新そのものだった。

たとえば、第1章の冒頭は、いきなり「ムカムカムカムカムカムカムカ。ム・カ・ツ・ク！トロイヤツ見ると殴りたくなっちゃう。私、ノロマな大人が大キライ！」（同書、8頁）と始まる。ここから、これまで経験してきたムカつくエピソードが延々と続く。

そうした語り口がずっと続き、そして本の最後。「将来のことを聞かれたりするけど、よくわかんないなぁ。（中略）3分の2は女優やってるかもしれないと思うし、3分の1は何かなぁ。普通のヒトかなぁ。勉強ひと筋かもしれないし、大学は行きたい！」と現実的に将来のことに思いを巡らせたかと思えば、行きたい星は「太陽‼」と叫び、「星になるなら、太陽になりたい‼」と独特の感性で締め括る（同書、224－226頁）。

この本をプロデュースしたのは、ミュージシャンの坂本龍一である（ほかに写真家の篠山紀信、編集者の見城徹なども携わっていた）。坂本は、こう述べる。「ゴクミ（後藤久美子）は特別の存在だ。アイドルになる以前に、もうスターだった。その自由奔放な発言には、現在の子供達みんながもっている、目に見えない新しいセンサーが、ふんだんに働いている」（同書、イントロダクション）。

この坂本龍一の言葉からもわかるのは、後藤久美子をスターにしたのは、大人たちが子どもという存在に向けた特別な期待感だったということである。後藤久美子の自由奔放さは、よくある生意気な子どもの戯言で片づけられず、旧弊な大人にはない「新しいセンサー」を証するもの、未来への希望のようなものとして受け取られた。「ゴクミ」は、世間の旧い因習にとらわれず、ゆえに大人に媚びることもなく、新しい生きかたを見せてくれる開拓者として期待されたのである。

作家・アイドル評論家の中森明夫は、この『ゴクミ語録』にライターとして加わった。

中森の自伝的小説『青い秋』には、後藤久美子が野口久美子、「ノクミ」として登場する。それによれば、「ノクミ」は、「絶対にヤダ！」とよく言った。それは単に子どものわがままではなく、「約束が違う」「話を聞いてない」「筋が通っていない」場合にそう言うのだった（中森明夫『青い秋』、160頁）。

その中森は、『ゴクミ語録』の完成見本の表紙写真が自分の求めるものと違っていたことに怒り、抗議した。関係者はなだめたが、中森は、「いや、絶対にダメです！」と突っぱねた。彼はこう記す。「ああ、なんということだろう。知らずと私は、あの「絶対にヤダ！」に感染していた。（中略）私は野口久美子に〝少女〟を伝染（うつ）されたのだ」（同書、167-168頁）。当時の後藤久美子という存在が有していた影響力、いや感染力を物語るものだろう。美少女は、大人が一目置く存在になっていたのだ。

さらに中森明夫は、後藤久美子からの影響のもと、ひとつの小説を書き上げる。タイトルは『オシャレ泥棒』（1988年刊行）。出会った2人の少女が「カワイイとはなにか」をめぐって繰り広げるファンタジー色あふれる冒険物語である。そしてこの小説は、1989年にドラマ化されることになる。中嶋朋子、西尾麻里という有名子役出身者とともに、そこで主役を演じたのが宮沢りえであった。

②「宮沢りえ」を演じた宮沢りえ

初代リハウスガールから『ぼくらの七日間戦争』へ

宮沢りえは、1973年東京出身。前述のように後藤久美子と同学年である。実際、2人は仲が良く、1985年には不二家「キットカット」のCMで共演もしている。後藤久美子と同様、宮沢りえも小学生時代にCMや雑誌のモデルとして芸能活動をスタートさせた。

とりわけ、宮沢りえの存在を世間の目に焼き付けたと言えるのが、1987年の三井不動産販売「三井のリハウス」のCMである。初代リハウスガールとして出演した当時14歳の宮沢りえは、物語仕立ての同CMのなかで抜群の輝きを見せた。その内容は、まさに「これぞ美少女」という感を抱かせるものだった。

不動産会社のCMだが、このCMでは家そのものの宣伝はされない。宮沢りえは、「白鳥麗子」という名の転校生。そして彼女が通学の駅で文庫本を読む姿やバイオリンを弾く姿、そしてだんだん学校に馴染んだ彼女が友だちと楽しげに笑い合う姿などが次々と映し出される。それはまるで、彼女を主人公にした瑞々しい青春ドラマのようであった。このCMで鮮烈な印象を残した宮沢りえは、一気に「美少女ブーム」のもうひとりの主役に躍り出ることになる。

そこからの宮沢りえの活躍は、目を見張るものだった。CMはもちろんだが、後藤久美子と同様マルチな分野に進出した。

1988年には映画の『ぼくらの七日間戦争』に主演。これが宮沢りえの俳優デビューだった。

宗田理の同名小説が原作のこの映画は、大人たちに対する子どもの反乱を描いたものだ。学校による厳しすぎる管理や体罰、親のしつけに反発した同じクラスの中学1年生の男女が廃工場に立てこもる。学校の教員や親たちがやめさせようと説得にやってくるが、生徒たちはそれを追い払う。そこで学校側は強硬手段に出る。扉を壊し、工場内に侵入してくるが、生徒たちは工場の地下にあった戦車を動かして撃退する。

宮沢りえは、女子生徒のリーダー的存在である中山ひとみを演じている。学級委員で、後から立てこもりに加わる役である。戦車を「エレーナ」と名付け、機動隊までやってくる最後の戦いでも大活躍する。物語の最後は、生徒たちが下水道を使って工場を脱出。するとそのとき、「エレーナ」に仕掛けられた打ち上げ花火が生徒たちの勝利を祝うように夜空に上がる。

管理教育への生徒の反抗というテーマは、前述の『金八先生』第2シリーズを思い出すまでもなく、1980年代における学園物の定番的テーマだった。ただ『金八先生』が社会の実情とリンクするリアリズムにこだわったのに対し、こちらは理想主義的、ファンタジックなストーリーに終始していた。

そのなかで宮沢りえは、大人に対して決して屈服することなく自己主張する生徒たちを象徴する役柄を演じた。大人と戦う武器としてなんと戦車が登場し、その名付け親になるという設定は、その立ち位置を物語る。それは、「三井のリハウス」のCMが定着させた清楚で控えめな美少女というイメージを心地良く裏切るものだった。

自己主張するキャラクターとしての「宮沢りえ」

その後宮沢りえは、シンクロナイズドスイミング（アーティスティックスイミング）を題材にした『青春オーロラ・スピン スワンの涙』（フジテレビ系、1989年放送）でドラマ初主演を果たすなど、本格的に俳優としての道を歩み始める。『たそがれ清兵衛』（2002年公開）では日本アカデミー賞の最優秀主演女優賞を獲得するなど、現在ではその演技力を高く評価されるようになった。NHK大河ドラマ『鎌倉殿の13人』（2022年放送）での北条時政のしたたかな妻・りく役の好演も記憶に新しい。

だがその一方で、宮沢りえは10代の頃からマルチな活躍を続け、そこでもやはり自己主張するキャラクターとして注目を浴びた。

たとえば、バラエティ番組『とんねるずのみなさんのおかげです。』への出演はそのひとつだ。番組では、学園物のコントが定番になっていた。そこでの宮沢りえは、制服姿で見た目はまさに「白鳥麗子」。だが木梨憲武扮する女子生徒といつも張り合っていて、キレると木梨に向かって「ざけんなよ」と啖呵を切る。いわば「白鳥麗子」とのギャップ、さらには自己パロディをやってしまう面白さがウケて、このコント出演は宮沢りえの人気をさらに高めることになった。

歌手デビューも果たした。デビュー曲「ドリーム・ラッシュ」（1989年発売）は、小室哲哉の作曲・プロデュースによるもの。オリコン週間シングルチャート2位を記録するヒットとなった。その後も主演ドラマの主題歌を自ら歌うなど歌手活動を続けた宮沢りえに、1990年『NHK紅白歌合戦』初出場決定の報が舞い込む。

このとき、宮沢りえは紅白史上初の演出で登場する。第2部(後半)紅組のトップバッターだった彼女は、NHKホールのステージ上からではなく東京・芝浦のビルの屋上から歌った。しかもその際披露した曲「Game」(1990年発売)のイメージに合わせ、バスタブに入って歌ったのである。『紅白』において中継で歌が歌われるのはこの年が史上初。さらにその刺激的な登場のしかたを多くの視聴者が目撃することになったわけである。

こうしてみると、宮沢りえの自己主張は、盟友でもあった後藤久美子よりも、より大衆にアピールするかたちのものであったことがわかる。バラエティ番組や歌番組にはほとんど出なかった後藤久美子に比べ、宮沢りえは、意識的か無意識的かはわからないが、そうした場に身を置くことを厭わなかった。そのことが、フィクションともリアルともつかないキャラクター「宮沢りえ」のアイコン化につながったように思える。

宮沢りえが巻き起こしたセンセーション

実際、「宮沢りえ」というキャラクターは、センセーショナルな存在として常に世間を賑わせた。

いわゆる「ふんどしカレンダー」は有名だろう。1990年に発売されたカレンダーのなかで、16歳の宮沢りえはお尻をあらわにした「ふんどし」を思わせる姿を披露し、世間の注目を一身に集めた。そこには、「宮沢りえ＝美少女」という固定観念を破壊するだけのインパクトがあった。

その延長線上に、これも有名なヘアヌード写真集『Santa Fe』（１９９１年発売）がある。篠山紀信の撮影による同写真集は、１５５万部を売り上げる大ベストセラーになった。人気絶頂のアイドルでありながら、宮沢りえは未成年。その彼女がいきなりヘアヌード写真集を出版したのだから、まさに事件と受け取られた。撮影時の年齢について18歳に達していたかどうかが物議となり、国会でも取り上げられた。

そこには、母親の存在が大きく影響したとされる。

宮沢りえの母・光子は、１９４９年生まれの東京出身。高校卒業と同時に親元を離れ、モデルやホステスの仕事をした。その後、オランダ人と旅先で出会い、生まれたのが宮沢りえだった。それから母一人娘一人となった2人だったが、りえが小学5年生のとき、近所のカメラマンに声を掛けられモデルの仕事を始めた（石井妙子「宮沢りえ「彷徨える平成の女神」」、『文春オンライン』２０２１年3月28日付け記事）

仕事を選ぶマネージャーであるだけでなく、光子は演出、プロモーション戦略などを仕切るプロデューサーでもあった。先述の『紅白』での中継は、光子のアイデアによるものだった。「ふんどしカレンダー」や『Santa Fe』もそうだった（同記事）。

ここで思い出されるのは、やはり美空ひばりだろう。美空ひばりとその母もまた、「一卵性母娘」と呼ばれるほどの密な関係性だった。芸事の好きな母親がまだ幼いひばりのマネージメントだけでなく、プロデューサーの役割も果たしていた。その点、宮沢りえ母娘に重なる部分は多い。

ただやはり、美空ひばりと宮沢りえの違いも忘れるわけにはいかない。美空ひばりは、子ども時代から基本的には歌手ひと筋だった。それに対し宮沢りえは、ここまでみてきたように、CM、映画、ドラマ、歌手、バラエティとあらゆる分野に活動の幅を広げた。そこにはまず、モデル、俳優、歌手といった職業の種類よりも、まず「宮沢りえ」というキャラクター、ひいては〝作品〟があった。その点は、ひとつ大きな違いだろう。「宮沢りえ」という存在がもたらすセンセーションは、私生活に関することでも巻き起こった。

1992年10月、宮沢りえは、当時大相撲の関脇だった貴花田（現・貴乃花光司）との婚約を発表する。兄の若乃花とともに熱狂的な「若貴ブーム」の主役だった貴花田との婚約は、ともに国民的な人気者とあって〝世紀のカップル〟とマスコミは書き立てた。ところが、翌1993年1月、わずか3か月後に婚約解消が発表される。

そこになにがあったかは、当時さまざまに報じられたが真相はわからない。ただ、メディアを通して私たちの目にふれた宮沢りえは、ここでもある意味「宮沢りえ」を貫いた。

1994年の缶チューハイのCM。どこかのビルの屋上にいる宮沢りえは、第一声「すったもんだがありました」と言ってグイッと缶チューハイを飲む。そしてスッキリしたという表情。缶チューハイがすりおろしたりんご入りであったところからのセリフだが、当然視聴者は、まだ記憶に新しい婚約から破局騒動のことを連想した。もちろんCM制作者も、また宮沢りえ本人も、そう受け取られることは織り込み済みだっただろう。そこには、どこまでも自分を貫き、「宮沢りえ」を演じ切る姿があった。

観月ありさ、そして「チャイドル」たち

宮沢りえ、牧瀬里穂とともに「3M」（Mは3人に共通する名字のイニシャル）の一角として活躍したのが、観月ありさである。

観月ありさは、1976年東京生まれ。4歳でモデルとなり、子役生活をスタートさせ

た。彼女もまた多くのＣＭに出演したが、その後演技の仕事も始め、ＳＭＡＰと共演した『あぶない少年Ⅲ』（テレビ東京系、1988年放送開始）、田原俊彦主演の『教師びんびん物語Ⅱ』（フジテレビ系、1989年放送）などに出演した。

さらに『放課後』（フジテレビ系、1992年放送）で連続ドラマ初主演を果たすと、そこから『ナースのお仕事』シリーズ（1996年放送開始）など、毎年連続ドラマ主演を続けるコンスタントな活躍ぶりを示した。また歌手としても、デビュー曲「伝説の少女」（1991年発売）をヒットさせるなど、精力的に活動を続けた。

こうして1990年代、後藤久美子、宮沢りえ、観月ありさなどが地ならしをするなかで、アイドルの低年齢化がいっそう進んだ。アイドルの子役化と言ってもいい。そのような存在は、「ジュニアアイドル」と呼ばれた。そこには、歌手、俳優からグラビアまで幅広い分野のアイドルが含まれていた。

なかでも、「チャイドル」（「チャイルド」と「アイドル」を合わせた中森明夫による命名）と呼ばれる存在が芸能界を賑わせた。たとえば、吉野紗香は、チャイドルブームのきっかけをつくったひとりである。

吉野は1982年千葉県生まれ。元々芸能界に興味があり、小学6年生のときに新聞に出ていた芸能事務所の募集広告に応募。モデルとしての仕事を始めた。その撮影の仕事で篠山紀信と出会い、これが少女モデルを集めた写真集『Namaiki』（1996年発売）につながっていく。CMの仕事をやりつつ、中学2年生からはドラマ出演もするようになった。

ただ、最も輝きを放ったのは、そのトーク力だった。とにかく明るく、歯に衣着せない本音トークが注目され、バラエティ番組に引っ張りだこの存在になった。これはインタビューでの発言だが、「チャイドル」という呼ばれかたについて「いいじゃん、いいじゃん、アイドルがいいよ。子役なんてイヤだ。ダサいじゃん、子役なんて（笑）」と吉野は語っている（天願大介『女優以前、以後。』、270頁）。万事がこのような調子だった。

ブームのなか、「チャイドル四天王」も誕生した。野村佑香、前田愛、浜丘麻矢、大村彩子の4人で、彼女たちは「Pretty Chat」のグループ名でCDデビューもしている。

野村佑香は1984年生まれで神奈川県出身。子役モデルとなったのが3歳。その後演技の仕事も始め、『木曜の怪談』シリーズ（フジテレビ系、1995年放送開始）などに出演した。またファッション雑誌『nicola』のモデルとしても活躍。同世代の少女たちのファッションリーダー的な存在になった。

前田愛は、1983年生まれ東京出身。1993年、「マクドナルド」のCMでデビューした。このときは、現在俳優として活躍する実妹の前田亜季（1985年生まれ）も出演している。前田愛が人気を得たきっかけは、1994年『あっぱれさんま大先生』に出演したことだった。その後はドラマや映画で活躍して主演も務めたが、2009年に歌舞伎俳優の中村勘太郎（現・中村勘九郎）と結婚してからは、芸能活動をセーブしている。

浜丘麻矢も1983年生まれ東京出身。バラエティ出演もあったが、アイドルというよりは子役寄りである。1992年、ドラマ『愛の劇場「結婚専科30」』でデビュー。「チャイドル四天王」が揃い踏みしたドラマ『妖怪新聞』（フジテレビ系、1997年放送）や映画『トイレの花子さん』シリーズ（1995年、1998年公開）などに出演した。

大村彩子は1984年生まれ東京出身。彼女もどちらかと言えば演技志向で、1994年にドラマデビュー。浜丘麻矢とも共演した小学校が舞台のドラマ『みにくいアヒルの子』（フジテレビ系、1996年放送）などに出演し、現在も俳優業を続けている。

吉野紗香や「チャイドル四天王」の足跡を見ると、テレビにおいてはドラマとバラエティが「チャイドル」にとっての活動の両輪になっていたことがわかる。それはそのまま、「チャイドル」が持つ子役とアイドルという二面性に重なるものだろう。

実際、『あっぱれさんま大先生』などの老舗的番組以外にも、1990年代には、『天才てれびくん』（NHK教育テレビ［現・Eテレ］、1993年放送開始）や『ウゴウゴ・ルーガ』（フジテレビ系、1992年放送開始）、といった子どもを主役とするバラエティ番組が新たに人気を博した。バラエティではないが、NHK教育テレビの乳幼児向け番組『いないいないばあっ！』（1996年放送開始）などでも、「おねえさん」役に子役（初代の田原加奈子が有名）を起用するなどしていた。

現在も続く『天才てれびくん』は、子どもの出演者が大挙出演する夕方の帯番組。背景にCGが使われたのも、特色のひとつだった。出演する子役は「てれび戦士」と呼ばれる。視聴者の子どもたちと電話で話したり、スポーツや創作に挑戦したりする。全員小中学生で、毎年メンバーは変わった。後に有名になった出演者としては、前出の前田愛と亜季の姉妹、ウエンツ瑛士（1985年生まれ）、ジャニーズの生田斗真（1984年生まれ）などがいる。

『ウゴウゴ・ルーガ』も帯バラエティ番組で、こちらは早朝の放送だった。外国語講座など多彩なコーナーがあり、画面構成やキャラクターにCGが使われている点は『天才てれびくん』とも共通する。子ども向けとは言え、たとえば外国語講座は英語などではなくバングラデシュ語であったりするなどこの頃のフジテレビらしい遊び心に満ちたシュールな味わいもあって、大人も楽しめる番組として評判になった。そのメイン出演者として登場するのが「ウゴウゴくん」（田嶋秀任、1984年生まれ）と「ルーガちゃん」（小出由華、1985年生まれ）

で、「テレビくん」などCGキャラクターとの癒し感あふれるやり取りが人気を呼んだ。

③安達祐実という歴史的「天才子役」

「具が大きい」が流行語に

しかし、そのように子役のバラエティ出演が目を引く時代のなか、ずば抜けた演技力によってドラマの世界で一世を風靡する子役が現れる。安達祐実である。

安達祐実は、1981年東京の浅草に生まれた。いわゆる三代続く江戸っ子の家系である。2歳のときに、広告を見た母親が応募してモデルクラブに所属。子育て雑誌のモデルとしてデビューした。そのときは兄も一緒だったが、結局兄のほうはやめてしまった（前掲『女優以前、以後。』、170頁、175頁）。

彼女もまた、母親とは「一卵性母娘」と称された。ここまでふれてきたように、高峰秀子、美空ひばり、そして宮沢りえなど、同じく母親と一心同体の関係にあった子役は多い。それほどではなくても、母親が現場に付き添うのが子役の常識のようなところがあるはずだ。

ただ、安達祐実本人が語るところによると、彼女と母親の関係には独特なところもあった。仕事場には母親もついて行くが、荷物は安達祐実が自分で持つ。そして実際に仕事場に着くと、母親は自分だけどこかに行ってしまうという具合だったと、本人は語る（同書、175－176頁）。要するに、安達祐実の場合、「自分のことは自分で」というのが母親の方針でもあった。それをただちに自立などというのは気が早いかもしれないが、興味深いところではあるだろう。

安達祐実が最初に世間の注目を集めたのは、1991年に出演したハウス食品「咖喱工房」のCMである。

レトルトカレーのCMだが、小林稔侍と安達祐実が父娘を演じている。そこでカレーを食べている小林に安達祐実が習字を見せに来る。「どんぐり」の「ぐ」の字がほかの字よりも大きい。「「ぐ」が大きい＝具が大きい」という駄洒落だが、そのフレーズが流行語になった。また、頭にアライグマのお面をつけて、「私は可愛いアライグーマ」と「グ」を強調して振り付きで歌うバージョンもあった。そうした際に見せる微妙な表情の加減や間合いの取りかたには、すでに天性の演技力が垣間見える。

ドラマ初出演は、1990年。そこから連続テレビ小説『君の名は』（NHK、1991年放送開始）や大河ドラマ『琉球の風』（NHK、1993年放送）に出演するなど、実績を重ねていった。また1993年には、『REX恐竜物語』で映画初主演を果たしている。この頃には、歌手デビューもするなど、子役スターとしての地位を完全に確立しつつあった。

演技に関しては、先述の子役になった経緯からもわかるように、劇団などで正式な訓練を受けたわけではない。本人の弁では、演技は努力や練習を特にすることもなく自然にできた。具体的には、台本をもらった時点でとりあえず最初から最後まで全部読み、ここは大事と自分が思ったところは何回も読んで、こういう言いかたをしたいとか、こういう顔をしたいとかを考えた（同書、177頁）。

逆に言えば、それだけのことしかしなかったわけである。これを聞く限り、誰の指導も受けることなく感性のままに演じていたのが、演技の仕事を開始した当初の安達祐実であったことになる。

安達祐実と『家なき子』

そんな安達祐実が「天才子役」としての名をほしいままにしたのが、いうまでもなく『家なき子』（日本テレビ系、1994年放送）である。

中島みゆきの歌う主題歌「空と君のあいだに」も有名な同作だが、内容は安達祐実演じる主人公・相沢すずの波乱万丈の物語を描いたものである。すずは小学6年生。服装はいつもオーバーオールで、首にはがま口の財布をぶら下げている。家庭の貧困、それに加え継父の家庭内暴力や母の病気といった逆境のなか、小学6年生のすずは自ら人生を切り拓くべくさまざまな困難に立ち向かう。

それは決して綺麗事ではすまない。やむにやまれぬ事情からとは言え、すずは盗みさえも働く。幼い子どもにとって、たったひとりで生き抜くことは簡単ではない。周囲の大人たちはそんな境遇を知り、気の毒がりもする。だがそれは、すずにとって、生きていくうえで何の足しにもならない。その切実な、怒りにも似た気持ちを凝縮したのが、すずが叫ぶ「同情するなら金をくれ！」だった。

いわば可愛い子役の代表だった安達祐実が、このセリフを叫ぶインパクトは絶大なものだった。それゆえ、流行語にもなった。このドラマを企画した脚本家・野島伸司ならではのこれでもかと悲惨さを強調する設定の妙もあっただろう。また、美空ひばりがかつて映画で演じた戦災孤児が終戦直後の混乱を背景にしていたように、安達祐実演じるすずの逆境がバブル崩壊後の平成という時代的不安を反映していたということもあったかもしれない。その結果、『家なき子』は大反響を呼び、社会現象となった。視聴率も、平均世帯視聴率24・7％、最高世帯視聴率37・2％を記録。この人気を受けて制作された続編『家なき子2』（日本テレビ系、1995年放送）も、同じく大ヒットとなった。

〝自己主張する子役〟として、ここまで後藤久美子や宮沢りえなどを見てきた。安達祐実もまた、同じ系譜に属するだろう。だがそこには、違いもある。

後藤久美子や宮沢りえの自己主張は、先述したようにキャラクターとしてのものだった。むろん演じている部分もあったには違いない。だがその場合も、元々の本人の個性に根差したものであったはずだ。

それに対し、安達祐実の自己主張は、いうまでもなくドラマ、すなわちフィクションのなかの役柄としてのものだった。孤独ではあるが、誰にも頼らない。頼れるのは自分だけ。時には周囲を敵に回すこともある。そんな役柄は、安達祐実本人とは基本的に切り離して考えるべきものだ。

しかしそれゆえに、安達祐実が子役の歴史に及ぼした影響は、ある意味後藤久美子や宮沢りえよりも大きかったと言える。

後藤久美子や宮沢りえのような道は、時代とシンクロする幸運を必要とする。ただしそれは自分の意思だけではどうにもならないことであり、それに恵まれることはまれなことだろう。多くの子役にとって、そのような生きかたは参考にはならない。

それに比べれば、安達祐実が示した道はお手本になるものだった。子役の役柄の定番だった幸福な家庭の無邪気な子どもではなく、天涯孤独とも言える状況でたくましく生きる子どもという対極の役柄を演じ、テレビ史に残る成功を収めた。もちろんそれも簡単に演じられるものではない。演技力も必要だろう。だが、そのような役柄が子役にも可能であることを安達祐実は証明した。『家なき子』は、子役そのものの自立、大人の俳優に依存しない自立した子役の誕生を記す画期的な作品だった。

「子役のその後」問題、そして2000年代へ

ただそれゆえ、安達祐実も壁にぶつかった時期があった。そこにあったのはやはり、子役からいかに脱皮するか、ということだった。

子役時代の安達祐実は、学校では有名スターであるがゆえのいじめを受けたりもしたが、仕事面ではあまり苦労を感じなかった。むしろ仕事の現場こそが居場所になっていた。

安達自身、こう振り返る。「小さい頃は、みんながうまいって言ってくれるから、ああ、これでいいんだったいう感じはいつもあって、（中略）視聴率が毎週上がっていくにつれて、スタッフの人の雰囲気とかもよくなってきて、それが自分にとってすごく面白くて、じゃあ来週も、って意気込んでやったりとかしてた」（同書、177頁）。

子役時代は、自分のなかでの評価よりも周囲の評価が満足度の基準になっていたことがうかがえる。周囲の期待に応えようとしていたという意味では子どもらしくない大人だが、俳優としての自分の将来については意識していなかった点では子どもだったとも言える。

だが、子役と呼ばれる年齢を過ぎると、将来の問題を避けるわけにはいかなくなった。10代後半には水着グラビアにも挑戦し、大人の雰囲気をアピールした。また20代になると、本業の俳優でも問題が出てきた。童顔であることもあって、演じられる役柄の幅が狭まってしまった。容姿の面から母親役を演じるわけにもいかず、高校生役を演じるには無理がある。結局、俳優としての仕事が思うようにいかなくなった（『ORICON NEWS』2020年3月12日付け記事、および『Yahoo!ニュース』2018年2月25日付け記事）。

こうした「子役のその後」問題、つまり子役のままで終わらずにいかにして俳優を続けるかという問題が、昔から子役につきものであったことはいうまでもない。そして、子役から大人の俳優に脱皮することができず別の道へ進むケースも珍しくない。安達祐実の場合は、その突出した演技力を武器に遊女役など多彩な役柄を巧みに演じることで、再び俳優として活躍する道が開けた。いまや、押しも押されもせぬ演技派俳優である。

ところが、興味深いことに、安達祐実のような歴史に残る「天才子役」もぶつかってきた「子役のその後」問題は、2000年代になるとそれ自体徐々に消えていったように見える。

やや珍しいケースとしては、大島優子の例がある。1988年生まれの大島優子は7歳のとき『ひよこたちの天使』(TBSドラマ系、1996年放送)で子役デビュー。その後、多くのドラマ、映画、CMに出演した経歴を持つ。ただ大きなきっかけに恵まれることなく芸能生活を続けていた。ところが、2006年にAKB48のオーディションに合格したところから運命が変わる。知られるように、グループのセンターを務めるほどの人気メンバーとなり、卒業後は俳優として活躍している。

大島優子よりさらに後の世代になるが、橋本環奈も似た経緯をたどっている。1999年生まれ、福岡市出身の彼女は、地元でCMや是枝裕和監督の映画『奇跡』(2011年公開)などに出演した子役だったが、その後地元福岡のご当地アイドルグループに所属。そのイベントでたまたま撮られた写真が「奇跡の一枚」としてネットで大きな話題になり、俳優としての道を進むことになった。

これらは子役からアイドル歌手を経ての俳優というルートだが、2000年代以降、よりシンプルに子役としての成功が大人の俳優への確立された登竜門になっていく。「子役は大成しない」というようなステレオタイプな見方は単純には通用しなくなるのである。次章で、その様子を詳しく見てみたい。

第4章

人気俳優への登竜門となった子役
～2000年代の充実

▽長澤まさみ▽鈴木杏▽栗山千明
▽山田孝之▽勝地涼▽松本まりか
▽山崎育三郎▽池松壮亮
▽柳楽優弥▽神木隆之介
▽井上真央▽志田未来
▽福田麻由子▽松岡茉優▽福原遥
▽加藤清史郎▽美山加恋
▽伊藤沙莉▽北村匠海▽吉田里琴

①2000年代最初を飾った子役ドラマ『六番目の小夜子』

ホラーテイストの学園ドラマ『六番目の小夜子』

後から振り返ると「豪華キャストだったな〜」と思うドラマがある。いまは有名だが、その時点ではまだ無名であったり一部のファンしか知らなかったりする。そんな俳優が、実はたくさん出演していたというパターンである。特に子役の出る学園ドラマは、そんなことがよく起こり得る。

2000年4月から6月にかけてNHKで放送された『六番目の小夜子』は、まさにそのようなドラマだった。ここに登場していた子役、あるいはまだ年若い俳優の多くがそれぞれに成長して後に俳優として一本立ちし、活躍するようになっていく。ドラマ自体の面白さもあるが、その点でもよく話題になる作品である。

放送時間は週日の夕方午後6時台。この時は「ドラマ愛の詩」というタイトルになっていたが、それ以前は「少年ドラマシリーズ」として有名だった十代向けの放送枠である。

前にふれた高野浩幸出演の『なぞの転校生』もそうだった。いわば子役にとってのひのき舞台として伝統があるドラマ枠の作品だった。恩田陸の同名小説が原作。学校が舞台ではあるが、ホラーテイストが盛り込まれている。

物語は、ある中学校に代々残る「サヨコ」の言い伝えをめぐって進む。その学校では、3年に一度、男女問わずひとりの生徒が選ばれて「サヨコ」と名乗り、「3つの約束」を実行しなければならない。ただし正体を明かしてはならず、その約束を無事果たすことで「サヨコ」は引き継がれていく。そこにある日、「津村沙世子」という「サヨコ」の名を持った生徒が転校してくる。すると、周辺で次々と謎めいた不思議な出来事が起こり始める…、というストーリーである。

もちろん怖いシーンはあるものの、ドラマ全体のトーンは決しておどろおどろしいものではない。物語の軸は、それぞれに思春期の悩みを抱える生徒たちが紆余曲折を経て一歩成長していく姿を描くところにある。ファンタジー色の濃い青春学園ドラマと言っていい。そこに生徒役として、後に有名になる多くの子役が出演していたわけである。

鈴木杏、栗山千明、そして山田孝之～『六番目の小夜子』の子役たち①

では、『六番目の小夜子』に中学生役で出演していた面々を順に振り返ってみよう。

まず、元気で活発なバスケ好きの主人公・潮田玲を演じたのが鈴木杏である。

鈴木杏は、1987年生まれで東京出身。両親とともに映画をよく観に行き、家ではトレンディドラマに夢中だったという彼女は、自分からドラマに出たいと言い出した。それを聞いた両親が伝手をたどって事務所を探してくれた（『マイナビ転職』2010年4月30日付け記事）。

1996年の『金田一少年の事件簿』第2シリーズ（日本テレビ系）でドラマデビュー。その翌年の『青い鳥』（TBSテレビ系）で、物語の重要な部分を担う少女役を好演して脚光を浴びた。また2000年からは大塚製薬「ポカリスエット」のCMに出演し、人気を博す。『六番目の小夜子』は、この頃の出演作ということになる。その後もテレビや映画にコンスタントに出演を続けている。役柄も多彩で、演技の幅の広さがうかがえる。『奇跡の人』やシェークスピア劇など舞台にも精力的に取り組んでいるところは、特筆すべき点だ。

次に、謎めいた転校生・津村沙世子を演じた栗山千明。このドラマのもうひとりの主役と言ってもいい。

栗山千明は、1984年生まれ茨城県出身。5歳くらいのとき、子ども番組の体操に出たいとねだるのを見た親が、彼女を事務所に入れた。それをきっかけにモデルの仕事を始めた（『毎日新聞』2007年2月16日付け記事）。

その後『ピチレモン』などローティーン少女向けファッション雑誌のモデルとして活躍する一方、1997年に出版された篠山紀信撮影による写真集『神話少女　栗山千明』が大きな話題を呼んだ。ただそこにはヌードでの写真もあったため、後年出版社による自粛で絶版になるということもあった。

本人はモデルの道を進むつもりだったが、曰く身長が思ったほど伸びず迷っていたところに映画出演の話が舞い込み、それを機に俳優への道を本格的に進むことになる。1999年のことである。それからドラマや映画での実績を積み重ね、主演作も多い。クエンティン・タランティーノ監督の映画『キル・ビル Vol.1』（2003年公開）に出演し、ハードなアクションシーンを披露していたのは、よく知られるところだろう。深作欣二監督『バトル・ロワイアル』（2000年公開）に出演していた彼女を見て、タランティーノが起用したものだった。

山田孝之も、メインキャストとして出演していた。このドラマでの山田孝之は、玲の幼なじみである関根秋を演じている。写真部に入っていて、勉強のできるクールな秀才という役どころだ。

1983年沖縄に生まれ、鹿児島で育った山田孝之は、中学3年の冬休み直前に家族とともに東京に引っ越した。上京してすぐに、芸能事務所・スターダストプロモーションにスカウトされた。高校には行かず、当初は役者志望というわけでもなかった。その頃は、演技レッスンやボイストレーニングを受けるかたわら、ファストフード店でアルバイトをする日々を過ごしていた（『上京本』22－25頁）。

ドラマ初出演は、1999年放送の『サイコメトラーEIJI2』（日本テレビ系）である。それからほとんど間を置かずに『六番目の小夜子』への出演が決まった。そして沖縄を舞台にした連続テレビ小説『ちゅらさん』（NHK、2001年放送）で注目度も高まり、とうとう2003年には『WATER BOYS』（フジテレビ系）で連続ドラマの主役の座を射止めた。現在は演じる役柄の幅の際立った広さ、作品ごとに与える印象の違いなどから「カメレオン俳優」と称されることも多い。

加えて山田孝之が他の俳優と一線を画すのは、常識的な意味での「俳優」であることに執着していないように見えることである。彼にとって重要なのは、より広い「表現する」という行為だ。「役者という仕事をやってきて、表現することが染み付いているというか。

絵を描いたりもするし、文章をつくるのも面白い。表現することは好きですね。ものをつくっているという感覚は、どれも一緒なんです」（同書、31頁）という本人の言葉は、それを裏付けるものだろう。

したがって山田孝之の活動の幅は、俳優が基本であるにせよ、それ以外にもずば抜けて広い。歌も歌えば、自分がメインのバラエティ番組にも出演する。本も執筆する。また俳優業のなかでも、正統派のドラマはもちろんのこと、『山田孝之の東京都北区赤羽』（テレビ東京系、2015年放送）のようなフェイクドキュメンタリー風の異色ドラマにも出演する。

そこに、「自己プロデュース」というキーワードがひとつ浮かび上がる。自分という存在を媒介にして、とにかく表現すること。そしてそれを通して自分という「作品」をつくっていくこと。そのことに人一倍貪欲なのが山田孝之だろう。そしてこの「自己プロデュース」は、おそらく2000年代以降、子役という存在全般のなかに芽生えてきた重要なベクトルでもある。その点についてはまた後で述べるが、山田孝之は、そうした子役の新しい生きかたを示した先駆け的存在と言えるはずだ。

勝地涼、山崎育三郎、松本まりか～『六番目の小夜子』の子役たち②

ほかにも『六番目の小夜子』には、現在活躍する俳優が中学生役で出演していた。

山田孝之演じる秋の弟、唐沢由紀夫を演じたのが、勝地涼である。秋と姓が違うのは、両親が離婚して秋は母親、由紀夫は父親のもとで暮していたからである。やはり玲の幼なじみでもある。

勝地涼は1986年東京生まれ。元々KinKi Kidsの大ファンでジャニーズ事務所に入るのが夢だった。子役になろうと思ったのも、KinKi Kidsのメンバー・堂本光一の主演ドラマ『P.S.元気です、俊平』（TBSドラマ系、1999年放送）に触発されたのが直接のきっかけだったことを本人が語っている（『A-Studio+』2020年9月4日放送など）。

その後、芸能事務所にスカウトされて芸能界入り。ドラマデビューした後、2000年放送の『永遠の仔』（日本テレビ系）で主演の渡部篤郎の少年時代を演じて注目された。『六番目の小夜子』も、ほぼ同じ頃の作品である。

高校時代には、周りの同世代の俳優が活躍するのを見て焦りなどもあったようだ。だが山田孝之から「そうやって横を向いている時間があったら、自分で上を見てそっちを目指したらいいんじゃないの？」といった助言もあり、一歩ずつステップアップしてきた（『チェリー』2016年3月18日付け記事)。貴重なバイプレーヤーとして存在感を発揮。連続テレビ小説『あまちゃん』(2013年放送)のキザな前髪クネ男役は、出番はほんの一瞬だったにもかかわらず強烈なインパクトを残した。最近は主演作も増えてきている。

この作品の勝地涼も初々しいが、その点では山崎育三郎も同様だ。

このドラマでの山崎育三郎は、玲の同級生・加藤彰彦。メガネが印象的な、いわゆるガリ勉タイプである。劇中ではいつも成績を気にし、勉強のできる沙世子にライバル心を燃やす。まだ幼さが残る風貌ということもあるが、ぱっと見だと山崎であるとは気づかないほどである。

山崎育三郎も勝地涼と同じく1986年東京生まれ。彼が芸能界に入ったきっかけは歌だった。野球少年だった山崎だが、人前に出るのが極度に苦手だった。それを知る母親が、ミュージカル『アニー』の「トゥモロー」をきれいに歌っているのを見て小学生の頃に彼を音楽教室に通わせるようになった。そして中学1年生のときに3000人のなかからオーディションに合格し、『アルゴミュージカル フラワー』の主演を務める(『All About』2014年10月30日付け記事)。その後高校、大学と音楽学校に進み、現在は『モーツァルト!』で帝劇主演を果たすなどミュージカル界のスターであるのは知られる通りである。

近年はドラマでの活躍も目を見張るものがある。連続テレビ小説『エール』（NHK、2020年放送）や大河ドラマ『青天を衝け』（NHK、2021年放送）をはじめ、多くの作品に出演。またトーク番組『おしゃれクリップ』（日本テレビ系、2021年放送開始）のMCも務めるなど、最近は仕事の幅を広げているのも目立つ。ただ山崎育三郎の場合、仕事の中心はやはりミュージカルをメインとした舞台にある。その点は、前述の中山千夏など、舞台出身の子役の系譜を継ぐ存在と言えるだろう。

最後にもうひとり、松本まりかもこのドラマに出演していた。演じたのは、しっかり者のクラス委員長・花宮雅子役。玲のバスケットボール部仲間であり、親友でもある。

1984年生まれで東京出身の松本まりかは、15歳のときに原宿でスカウトされて芸能界入り（『大手小町』2018年10月25日付け記事）。この『六番目の小夜子』が俳優としてのデビュー作でもあった。その後ドラマ・映画出演はもちろん、雑誌モデルや声優などの仕事もしたが、いわゆる下積みの時期が長かった。その間、18歳ごろから1年半ほどのあいだ、俳優の松田美由紀の家に居着いていたこともあったという（『人生最高レストラン』2021年9月11日放送）。

自ら「暗黒の時代」とも呼ぶ下積みから抜け出すきっかけになったのが、2018年放送のドラマ『ホリデイラブ』（テレビ朝日系）だった。そこで演じた役柄が「あざとかわいい」

と評判を呼び、ブレークを果たす。その後は多くの話題作や人気作に出演、主演も務めるようになった。

②増える子役出身の人気俳優

子役は大人の俳優への登竜門になった

『六番目の小夜子』は、ホラーテイストを織り交ぜつつ、この年代でなければ出せないはかなさや瑞々しさが表現された作品である。脚本や演出とも相まって、そのことがいまもファンの多い作品であることにつながっているのだろう。また主役以外にも生徒それぞれに見せ場が用意されていて、その点が現在活躍する俳優たちの若かりし頃を振り返るのに格好のドラマにもなっている。

とはいえいま見てきたように、すべての子役たちが『六番目の小夜子』出演以降順調だったわけではない。現時点ではみな成功していても、そこまでの道のりはひとそれぞれであり、順調にステップアップした場合もあれば、苦労を重ねた場合もあった。

このようにキャリアがバラバラであるということは、子役というもののたどる決まったルートが崩れ始めたということでもあるだろう。たとえば、いまふれた6人のなかに、児童劇団出身という子役はいない。2000年代以降であっても児童劇団出身という子役はもちろん珍しくないが、それでもひとつ時代が変わった印象がある。

そこには、児童劇団の変質もある。教育目的という当初の理念はますます弱まり、前に書いたように児童劇団はテレビに子役を供給するシステムのなかに組み込まれた。その意味では、芸能プロダクションと同列の存在になった。芸能プロダクションが自らの一部門として児童劇団（子役部門）を運営するケースも多い。その意味では、昭和の子役とは、児童劇団出身であることの内実が大きく変わってしまったのである。

そうなると同時に、俳優の世界において子どもと大人の違いはどんどん曖昧になっていく。それは結局、従来あった「子役らしさ」の観念が崩れ始めることにつながる。それまで子役とは、外見においても性格においても小さく純粋な「子どもらしさ」を表現することを求められる、ある意味特殊な職能であった。その意味において、大人の俳優とは厳密に区別された特別な存在、こう言ってよければ異端の存在であった。「天才子役」という称賛のフレーズには、その根底には「子どもであるにもかかわらず大人のような演技をする」

といったような、子役を特別視するまなざしが隠されている。それゆえ子役は、外見的にも精神的にも子どもの時期を過ぎれば、芸能の世界において行き場がなくなってしまうことも珍しくなかった。それが、「子役は大成しない」という〝常識〟となってもいた。

しかし2000年代、そのスタートを飾った『六番目の小夜子』に出演した子役たちが体現したように、子役は特別な存在、異端的な存在ではなくなっていく。子役と大人の俳優のあいだに絶対的な線引きはない。その結果、子役時代は、大人の俳優になるための有力なステップ、ひとつの登竜門になっていくのである。たとえば、学園ドラマ『花より男子』(TBSテレビ系、2005年放送開始)の花沢類役でブレークする小栗旬(1982年生まれ)も、大河ドラマなどに出演した子役だった。このように、人気若手俳優が子役出身というケースも、この頃を境によく目に付くようになる。

池松壮亮と柳楽優弥~2人の子役出身実力派俳優

池松壮亮もそうした俳優のひとりだ。

1990年生まれ、福岡県出身の池松壮亮のデビューは、劇団四季のミュージカル『ライオン・キング』。10歳のときに親のすすめでオーディションを受け、ヤングシンバ役に選ばれた。当時彼は野球少年で演技の仕事に興味はなかったと言うが、その後も児童劇団に所属しながら子役の活動を続けた（『CREA』2013年2月22日付け記事）。

その経歴は華々しいものである。映画初出演が、ハリウッド映画『ラスト サムライ』（2003年公開）。彼は、主演のトム・クルーズ演じる主人公とこころを通わせる少年・飛源を演じた。また2005年公開の映画『鉄人28号』では、オーディションで1万人超のなかから主人公・金田正太郎役を勝ち取る。ほかにも大河ドラマ『義経』（NHK、2005年放送）に少年期の源頼朝役で出演している。

高校まで福岡で過ごした池松壮亮は、日本大学芸術学部映画学科入学を機に上京する。選んだのは監督コース。俳優コースではなかったのは、周囲の俳優から「俳優はただのコマであれ」と言われたことに納得が行かず、俳優という職業に少し距離を置こうとしたからだった。しかし他方で「(俳優に)片足突っ込んだのに今さら抜くのはダサいかな」という思いは根底にあった（『Smoke』2019年1月1日付け記事）。そして大学卒業後は再び俳優業に専念し、『宮本から君へ』（2019年公開）でキネマ旬報主演男優賞に輝くなど、充実した活躍を続けている。

同じ1990年生まれで、やはり子役の経歴を持つのが柳楽優弥である。

東京出身の柳楽優弥は、子役になった動機が少し変わっている。元々「人を笑わせたい」という願望のあった彼は、中学1年のとき同級生が出ているドラマを見て「これだ」と思い、母親に頼んで芸能事務所・スターダストプロモーションのオーディションを受けて合格した（『ORICON NEWS』2018年8月29日付け記事）。後に映画『浅草キッド』（2021年公開）でビートたけし役を熱演したのも、この動機を知ればうなずけるところである。

ただ、初のオーディションにして初の主役に選ばれた是枝裕和監督の映画『誰も知らない』（2004年公開）は、とてもシリアスな作品だった。母親に置き去りにされ、自分たちだけで生きていかなければならなくなったきょうだいの長男というのが、柳楽優弥の役どころだった。しかも彼は、その目力も相まった印象的な演技でカンヌ国際映画祭最優秀主演男優賞を史上最年少で受賞。まさにセンセーショナルなデビューであった。

ただその後も映画やテレビへの出演があったものの、2008年から2年間ほどほとんど休業していたような時期があった。その間、処方薬の過剰摂取で病院に運ばれたという報道もあった。

だが2010年の結婚、さらに父親になったことなどをきっかけに、俳優業に本格復帰。蜷川幸雄演出の舞台『海辺のカフカ』（2012年）などを経て、映画『ディストラクション・

ベイビーズ』（2016年公開）では、キネマ旬報主演男優賞を受賞した。その後も彼ならではの存在感あふれる演技で映画、テレビなど活躍の場を広げている。将来は番組のMCをやってみたいという、本来のお笑い好きな一面を感じさせる夢も持っている。

池松壮亮と柳楽優弥。この2人に共通するのは、子役から大人の俳優へとなっていく際にブランクがあったことである。それぞれ外側からは窺い知れない苦労もあっただろう。ただし、いずれにしても彼らは俳優であることをやめなかった。そして押しも押されもせぬ実力派俳優になった。子役は子役のままで終わることはなかったのである。

子役の〝新世代〟、神木隆之介

他方で、子役としては彼らと少し異なる印象を受けるのが神木隆之介である。

埼玉県出身の神木隆之介は1993年生まれ。2歳のときに、セントラル子供劇団に入った。神木は出生時に大病を患った経験があり、親が生きている証として映像や雑誌に載った姿を残したいと思ったからだという。同年、早速CMでデビュー。おもちゃのCMだったが、目的を果たした親が「もうやめてもいいよ」と言ったが、神木隆之介自身が「続ける」と言ったため子役を続けることになった（『日経エンタテインメント！』2020年11月23日付け記事）。

1999年には、『グッドニュース』（TBSテレビ系）でドラマに初出演。2004年には、映画『お父さんのバックドロップ』で主演（宇梶剛士とのダブル主演）を務め、同じく『妖怪大戦争』（2005年公開）では、日本アカデミー賞の新人俳優賞を獲得した。そして14歳のとき『探偵学園Q』（日本テレビ系、2007年放送）において、連続ドラマ初主演を果たす。その後も俳優として順調にステップアップし、2023年放送予定のNHK連続テレビ小説『らんまん』では、主演を務めることになっている。

神木隆之介が「役」を演じることの面白さに目覚めたのは、小学校3、4年生のあたりだった。ただ、年齢を重ね思春期を迎えたりすると、声や容姿も変化する。だが神木は、そうなっても不安を感じることは「まったくなかった」という。彼はこう語る。「子役のイメージってどうしてもありますよね。『あれ？ 鈴木福くん、こんなに大きくなって』とか『芦田愛菜ちゃん、高校生⁉』とか（笑）。でも僕はその頃、本当に何も考えてなかったです。驚くほど。『いただいた仕事を頑張るんだ』って、のんきに台本を受け取って、『今度はこんな役かぁ』なんて、楽しみながら取り組んできたので」（同記事）。

こうしたところからも、神木隆之介は、子役の〝新世代〟を代表するひとりだと思える。彼にとって、それまで多くの子役がぶつかってきたような、俳優であり続けるための試練はあってないようなものだった。むろん演じる作品ごとの演技の悩み、それを乗り越えるためのたゆまぬ努力はあったに違いないが、子役と大人の俳優とのあいだにある壁という意味での困難は、この言葉からは感じられない。「フワフワっと現場に入ります」という神木の言葉が、すべてを物語っている（同記事）。

井上真央〜ホームドラマから大成した子役

もちろん、昔からのパターンで子役がブレークするケースもあった。

何度か述べたように、ホームドラマは1970年代の杉田かおるや坂上忍をはじめ有名子役を輩出してきたジャンルである。その流れはずっと続いた。たとえば、1990年代後半では、大阪の下町を舞台にしたNHK連続テレビ小説『ふたりっ子』（1996年放送開始）に主人公の幼少期役で出演した三倉茉奈と佳奈の双子の姉妹、「マナカナ」が大人気となった。1986年大阪生まれの2人は、これがなんとデビュー作だった。また、「月9」枠で放送された『人にやさしく』（フジテレビ系、2002年放送）は、香取慎吾ら3人の独身男性がふとしたことで小学生の男の子を育てることになる異色のホームドラマ。その男の子を演じたのが須賀健太（1994年生まれ）で、彼はこの作品で子役としてブレークした。

その系譜に連なると言えるのが、井上真央である。

井上真央は、1987年横浜生まれ。4歳のときに、母親のすすめで劇団東俳に入った（『タレントデータバンク』2005年11月1日付け記事）。同劇団は、1964年創設。工藤静香や雛形あきこ、近年では新川優愛や浅利陽介などが所属していた。井上は、5歳のとき『真夏の刑事』（テレビ朝日系、1992年放送）でデビュー。以降、『藏』（NHK、1995年放送）で主演の松たか子の少女期を演じるなど、多くのドラマや映画、CMに出演した。

その存在が広く知られるようになったのは、『キッズ・ウォー』（CBC、TBSテレビ系、1999年放送開始）からである。昼の帯ドラマで、再婚同士の夫婦とそれぞれの連れ子たちの家族の絆と子どもの成長を描いたホームドラマ。井上真央は、子どものひとりである茜役を演じた。活発で、曲がったことが嫌いな性格。理不尽なことがあると、「ざけんなよ！」と相手に挑みかかる。人気作となりシリーズ化されてからは主人公となって淡い恋模様も描かれたところからも、当時の井上の人気ぶりがうかがえる。

さらに井上真央を一躍人気スターに押し上げたのが、前出の学園ドラマ『花より男子』である。同名人気漫画のドラマ化で、井上は主人公の牧野つくしを演じた。松本潤演じる道明寺司や小栗旬演じる花沢類らイケメン高校生たちとの恋愛模様は、若者を中心に大きな話題を呼び、続編、さらに映画版もつくられるほどの人気シリーズになった。

さらに、連続テレビ小説『おひさま』（NHK、2011年放送）と大河ドラマ『花燃ゆ』（NHK、2015年放送）でともに主演。また『八日目の蝉』（2011年公開）で日本アカデミー賞最優秀主演女優賞も獲得し、いまや折り紙付きの実力派である。

井上真央は、子役から始まって俳優として大きく飛躍した。その順調すぎるほどのステップアップぶりは、この世代の子役出身者のなかでも目立つと言っていいだろう。

一方で、俳優養成をメインとする児童劇団出身というところには、子役の古き良き伝統を感じさせる。『NHK紅白歌合戦』（2011年）の司会などはあるが、これは朝ドラヒロインを務めた流れでのもの。ドラマや映画以外の仕事はそれほど多くなく、やはり俳優一筋という印象だ。

ただ、かつての子役と違うのは、井上真央もまた、本章で取り上げてきた多くの子役出身者たちと同様に、自然体な姿勢で俳優を続けた点である。大学進学のため一時休業したことはあるが、そのことが逆に俳優という職業を人生の流れのなかで自然にバランスよく選択していることをうかがわせる。むろんそのベースには、彼女の卓抜な演技力があることはいうまでもない。

③「自己プロデュース」を始めた子役たち

『女王の教室』という、もうひとつの異色学園ドラマ

ホームドラマと並んで学園ドラマも、子役にとって世間からの注目を浴びる絶好の機会であることは変わらない。前述の『六番目の小夜子』も一風変わった学園ドラマだった。そして2000年代中盤、もうひとつの一風変わった学園ドラマが世間の注目を浴びた。『女王の教室』(日本テレビ系、2005年放送)は、主演の天海祐希が小学校の教師を演じる学園ドラマである。

と言っても、天海演じる阿久津真矢は、学園ドラマにありがちな熱血教師ではない。むしろ真逆の冷徹な鬼教師である。いつも黒ずくめの服装。無表情で、クールそのもの。笑顔を見せることなど決してない。生徒に優しく寄り添うなどもってのほか、むしろ生徒に闘いを挑む教師である。

『家政婦のミタ』などで知られる遊川和彦の脚本らしく、建前的な良識やモラルを真っ向から否定するような内容は、PTAなどからの批判を招いた。だが一方で阿久津真矢の生

徒たちに対する深い思いも読み取れる内容に、支持する視聴者も少なくなかった。いずれにしろ、それまでの学園ドラマにはない斬新な設定と展開は大きな反響を呼び、視聴率も尻上がりに上昇。最終話は最高世帯視聴率となる25・3％を記録した。

子役にとっても、この作品は従来の学園ドラマにはなかったような演技を求められた。学園ドラマ、特に小学校が舞台のドラマでは、反抗期が描かれることはあるにせよ、基本的には純粋無垢で従順な子どもを演じていれば事足りた。だがこのドラマでは、学校は社会の縮図のように描かれていた。当然、生徒も小学生でありながら、「成績で待遇に格差をつけられる」といったように、大人と同じような試練に遭遇することになる。

したがって、そこには子役らしからぬ演技も必要になった。物語の性質上、天海祐希と直接対峙するような場面も多く、大人の俳優と対等な立場で演技することをしばしば求められた。画面からも伝わるその緊張感は、他の学園ドラマにはなかったものだった。

志田未来がたどった道のり

舞台となる6年3組の生徒は、1クラス24人。なかでも主役に匹敵するポジションだったのが、神田和美役の志田未来である。

1993年生まれの志田未来は、神奈川県出身。6歳のときに神木隆之介と同じセントラル子供劇団に入った。この劇団には、ほかに成海璃子、須賀健太、大島優子なども所属していたことがある。志田は、2000年にドラマ、2002年に映画と初出演を果たすと、順調に出演作品を重ねた。そして出会ったのが、『女王の教室』だった。

子役の仕事を始めたのは、母親が「記念にテレビに出られたらいいね」と勧めてくれたからだという（『小学館キッズ』2017年5月1日付け記事）。当時は、「この世界に憧れもなかったし、こんな作品に出たいという強い思いもなかった。仕事は習い事の延長でした」と本人は語る（『スポーツニッポン』2016年5月8日付け記事）。

志田未来にとって、『女王の教室』は初の民放の連続ドラマ。そこで彼女は、「ドラマってこんな大勢の人たちが、こんなに大変な中で作るんだ！」「毎回、みんなと顔を合わせるのも楽しくて、自分なのに違う人間を演じるという感覚も小学生ながらに楽しくて」という感覚を味わった。「その感覚はずっと変わらない」という（『クランクイン！』2019年7月22日付け記事）。いわば演技という仕事への自覚が芽生えたのも、この作品であった。

『女王の教室』は、卒業して中学生になった神田和美が阿久津真矢と偶然再会するシーンで終わる。阿久津によって数々の試練に見舞われた和美だったが、彼女は阿久津に「先生、

『アロハ』にはハローとグッバイとあとひとつ意味があるの知ってる?」と尋ねる。阿久津は、「アイラブユー」と答える。すると和美は、「先生、アロハ」と言いながら走り去っていく。その後姿を見て、阿久津は初めて笑顔を見せる。

こうして天海祐希と対等に渡り合った志田未来が、芸能事務所・研音に移籍後13歳にして連続ドラマの主演に抜擢されたのが『14才の母』(日本テレビ系、2006年放送)である。志田が演じる中学2年生の一ノ瀬未希が、交際していたひとつ上の男子(三浦春馬。彼もまた、子役出身で人気俳優となったひとりだった)の子どもを身ごもる。そして周囲の反対を押し切って出産をするなかで、主人公が成長していく姿が描かれた。平均世帯視聴率は18・7%、最高世帯視聴率は22・4%というヒット作になった。

その後も志田未来は、2008年の『正義の味方』(日本テレビ系)から3年連続で連続ドラマ主演を果たす。現在も、映画、ドラマ、舞台と出演が途切れることはない。その意味では、井上真央などと同じく、大人の俳優への脱皮がこれほどスムーズだった子役もあまりいないだろう。

とはいえ、俳優業を「一生の仕事」として思い定めたのは、高校を卒業するころだった。大学へは進学しないことを決めた志田未来は、当時出演作の脚本を担当していた君塚良一から、「学生という武器を捨てるんだから、いままで以上に真剣に取り組んでいきなさい」という言葉をもらった。それを機に、彼女の気持ちはガラッと変わったという（前掲『クランクイン！』記事）。

この話からも、子役が特殊な職業ではなく、たまたま世間一般よりも早く就いた仕事にすぎないものになりつつあったことがうかがえる。志田未来は、大学か俳優かの選択で後者を選んだ。それは、演技の仕事の経験が以前からあったにせよ、他の同年代の人間がぶつかる大学か就職かという選択と本質的に変わらない。ここにも、2000年代以降の子役をめぐる価値観の変化が見える。

福田麻由子の堅実さ、そして伊藤沙莉という新世代子役

『女王の教室』からは、ほかにも人気の子役が生まれた。飛び抜けて勉強のできる秀才である一方、母親との確執を抱えた生徒・進藤ひかるを演じた福田麻由子は、そのひとりである。

福田麻由子は1994年生まれ、東京出身。母親に「（NHKの）『おかあさんといっしょ』に出たい」とねだり、東京児童劇団に入団したのが4歳のとき（『シネマトゥデイ』。2019年3月31

日付け記事）。「ケンタッキーフライドチキン」のCMでデビューした。その後ドラマ『Summer Snow』（TBSテレビ系、2000年放送）や映画『下妻物語』（2004年公開）などに出演し、『女王の教室』と出会うことになる。

天海祐希とは、それ以前にも共演する縁があった。『ラストプレゼント 娘と生きる最後の夏』（日本テレビ系、2004年放送）という作品で、福田は天海の娘役だった。そのとき彼女は、「すっかりお芝居の魔法にかかってしまい、これを機に本格的に女優を目指すようになりました」という（同記事）。

『女王の教室』以降も『白夜行』（TBSテレビ系、2006年放送）への出演など順調に見えた福田麻由子だが、10代後半から20歳前後には葛藤もあったようだ。「人間として自分が変わらなければ、本物の役者になれない」と感じた福田は、ワークショップに参加したり、大学に進学してアルバイトの日々を送ったりした。しかしそれも、「役者を続けたいからこそ、芝居以外のことにも触れよう」という思いからだった（『クランクイン！』2019年4月6日付け記事）。

志田未来とは異なる部分もあるが、福田麻由子もまた演技を仕事とすること自体は揺らがなかったと言える。近年は連続テレビ小説『スカーレット』（NHK、2019年放送開始）で戸田恵梨香（ちなみに彼女も、連続テレビ小説でデビューした子役であった）が演じる主人公の妹役で朝ドラ初出演を果たすなど、堅実に演技派の道を歩んできた。2022年には、芸能活動の一時休止を発表したが、再び芝居の道に戻って来たいということも述べている。

そしてもうひとり、生徒役で出演していたのがいまや屈指の人気若手俳優になった伊藤沙莉である。

1994年生まれの伊藤沙莉は千葉県出身。元々テレビっ子で、安室奈美恵などに憧れ3歳からダンススクールに通っていた。だから、児童劇団などに所属していたわけではなく、ドラマのオーディションに応募したのは完全に偶然の成り行きだった。ダンススクールの掲示板にたまたまドラマオーディションの募集があり、「面白そう」というその場のノリで友だちと一緒に受けることにしたのである。だから演技の仕事に積極的なわけではなかったが、結局彼女だけが合格してしまった(『文春オンライン』2017年10月27日付け記事)。

募集していたのは『14ヶ月～妻が子供に還っていく～』(よみうりテレビ、日本テレビ系、2003年放送)というドラマで、もちろん伊藤にとってそれがデビュー作だった。9歳のときである。演じた役は、36歳の女性が見た目だけ少女に若返ってしまうという設定。初演技としては難しい役柄だが、その演技が早くも評判になった。

『女王の教室』で伊藤沙莉が演じたのは、元々仲が良かった神田和美をある事件がきっかけでいじめてしまう田中桃という役である。その後もいじめっ子役が多かったりするなど、バイプレーヤー的ポジションで実績を積んだが、ひと際注目されるようになったのは2010年代中盤以降である。とりわけ、2017年放送の連続テレビ小説『ひよっこ』（NHK）で演じた米屋の娘・安部米子役（米子と結婚することになる男性役の泉澤祐希も子役出身だった）での、コミカルながらも一途さを巧みに表現した演技で知られるようになった。

そこからは主演作にも恵まれるとともに、独特のハスキーボイスを生かして声優にも挑戦。『映像研には手を出すな！』（NHK、2020年放送）の主人公・浅草みどりの声などが高く評価された。いま、最も脂ののった若手俳優のひとりと言っても過言ではない。

伊藤沙莉の歩んできた道のりを見ると、新世代の子役出身俳優という印象がある。彼女の仕事ぶりを見ると、前出の山田孝之が自分のやっていることは「表現」だと言うのに近い感触がある。まずダンスがスタートという点からしてそうだが、演技だけでなく他の分野にも軽やかに取り組み、自分の可能性を広げていくことに余念がない姿勢がうかがえる。

もうひとつ、ネット世代であることも新世代という印象を強める。『女王の教室』でいじめっ子役を演じると、そのイメージがネットで一人歩きするようになった。事実無根のひどいことを書かれたことも少なくなかったようだが、伊藤沙莉はエゴサーチしてそれを見ていたという（同記事）。彼女のメンタルの強さを示すと同時に、子役がＳＮＳ時代を生き始めたことを思わせるエピソードだ。

学校でのあだ名が「売れない子役」だった時期もあったそうだが（同記事）、こうしたネットとの付き合い方を見ても、子役時代から自分を突き放して客観的に見ていたことがわかる。そこから、彼女の魅力のひとつである優れたユーモア感覚（知られるように、人気漫才コンビ・オズワルドの伊藤俊介は実兄である）も生まれていると思える。やはり「自己プロデュース」能力に長けているということだろう。

バラエティ、CMからブレークした松岡茉優、福原遥、加藤清史郎

２０００年代以降も、子役がブレークするきっかけは、ドラマや映画だけに限るわけではなかった。たとえば、兄弟漫才コンビ「まえだまえだ」としてブレークした前田航基（1998年生まれ）と前田旺志郎（2000年生まれ）も、元々子役としてドラマや映画、ＣＭに出演していた。

また松岡茉優が、テレビ東京の子ども向けバラエティ番組『おはスタ』（1997年放送開始）の「おはガール」だったことは、知る人ぞ知るところだ。

1995年東京生まれの松岡茉優は8歳のとき、当時3歳の妹が芸能事務所・ヒラタオフィスの子役部門にスカウトされた際に一緒に事務所入りした。ただ、小学生くらいまでは仕事に恵まれなかった。本人曰く、オーディションでも「負け続けた」（『ORICON NEWS』2019年10月13日付け記事）。

だが中学生になっても、事態がすぐに好転したわけではなかった。幼少期の子役であれば、主人公の幼少期やその子どもという役の需要が結構多くある。しかし、中学生になるとそれがなくなり、演じられる役柄が目に見えて減る。そこで子役をやめていく人間も少なくなかった。

そんな苦闘の時期に松岡茉優が出会ったのが、「おはガール」の仕事だった。2008年のことである。「おはガール」は、番組の日替わりアシスタントの名称。松岡以前にも、ベッキーや蒼井優が務めたことがあった。「もし『おはスタ』と出合っていなかったら、このお仕事を続けていけなかったかもしれません」と語るほど、彼女にとって「おはガール」は大きな転機だった（『WEBザテレビジョン』2022年3月5日付け記事）。

バラエティに自分の生きる道を見つけるなかで、俳優としての飛躍のチャンスも巡ってきた。ともに学校を舞台にしたドラマ『鈴木先生』（テレビ東京系、2011年放送）と映画『桐島、部活やめるってよ』（2012年公開）への出演で注目されると、2013年には連続テレビ小説『あまちゃん』（NHK）にも出演。そして2015年にとうとう『She』（フジテレビ系）で、連続ドラマ初主演を果たした。いまやすっかり演技派として認められ、数々の映画、ドラマで存在感を発揮している。また『おはスタ』の経験を生かし、バラエティ番組で俳優とは思えないトーク力を発揮する場面も少なくない。

子ども向け番組でブレークという点では、福原遥も似ている。

福原遥は1998年生まれ、埼玉県出身。伊藤沙莉と同様、彼女の芸能界入りのきっかけもダンスだった。幼稚園の頃、友だちのダンスを見て「自分も習いたい」と思って紹介してもらったのが芸能事務所・NEWSエンターテインメントだった（『モデルプレス』2015年9月1日付け記事）。2005年に『恋の時間』（TBSテレビ系）でドラマデビュー。その後も、テレビや映画に出演していた。

大きな転機が訪れたのは、2009年である。『クッキンアイドル アイ！マイ！まいん！』（NHK Eテレ）という子ども向けの料理番組で、メインの柊まいん、愛称「まいんちゃん」役に起用されたのである。

実はこのとき、福原遥はこのオーディションに落ちたら「芸能界を辞めよう」と思っていた。学業との両立が難しくなっていたからである。だが「まいんちゃん」役に起用されたことで、本格的に芸能の仕事に打ち込もうと考えるようになった（同記事）。

番組は、アニメパートと実写パートの2本立て。福原遥は実写パートで歌って踊りながら料理をつくり、アニメパートでも「まいんちゃん」の声を担当した。そうした料理番組らしからぬポップなつくり、福原遥演じる「まいんちゃん」の愛らしさなどが相まって人気番組に。福原自身も一躍注目される存在になった。

その後は雑誌モデル、さらに歌手などにも活躍の場を広げるとともに、俳優として着実にステップアップしている。主演作『ゆるキャン△』（テレビ東京系、2020年放送開始）なども印象的だったが、2022年から放送の連続テレビ小説『舞いあがれ！』（NHK）のヒロイン役になったことは、「まいんちゃん」時代を知る視聴者にとっても感慨深かったようで、大きな話題になった。

一方CMをきっかけに広く親しまれるようになったのが、現在も俳優として活躍する加藤清史郎である。

加藤清史郎は、2001年神奈川県生まれ。生後2か月で劇団ひまわりに所属、1歳でデビューという子役のなかでもとりわけ早い年齢からのスタートだった。ごく幼少の頃から多くのテレビ、映画に出演を果たしたが、２００９年放送の大河ドラマ『天地人』（ＮＨＫ）で主人公の直江兼続（妻夫木聡）の幼少期を演じたことで注目され始めた。ＮＨＫに問い合わせが殺到するなどこのときの反響は大きく、加藤清史郎は主人公の子ども役で再出演したほどであった。

またそれと並んで加藤清史郎の存在を有名にしたのは、同じく２００９年から放送されたトヨタ自動車のＣＭだった。

このＣＭでの加藤清史郎は、「こども店長」と呼ばれる役。彼がトヨタの自動車販売店の店長という設定で、制服の赤いジャケット姿で登場して買い替え補助金などについて真面目に説明する。最後はちょっと子どもらしいオチがつくなど、その設定からくるギャップが可愛いと評判になり、加藤清史郎もアイドル的人気を博した。

ただ彼は、仕事を続けながらも学業優先の姿勢を貫いた。両親からも、「やめたかったら、いつでもやめていい」と言われていたようだ。幼稚園や小学校に入る節目のときにはいつも意思確認をされていたが、そのたびに「お芝居が好きだから、やめない」と答えていた（『婦人公論.jp』２０２０年６月４日付け記事）。

そのなかで高校は、３年間イギリス留学することを選択した。当然その間、日本の芸能界でのブランクが生まれる。だが俳優をやめようと思ったわけではない。留学は英語を身に付けるためでもあったが、加えて「役者としての土台作り」が目的だった。彼自身は、中学2年生のときすでに「これからも俳優として生きていく」という覚悟を固めていた（同記事）。２０２０年帰国後は、日本の大学に進学。俳優業を続けるかたわら、インタビューでは憧れの人物として櫻井翔の名を挙げ、ニュースキャスターが今後の夢のひとつだとしている（『週刊女性』２０２０年８月18・25日号）。

実写版『ちびまる子ちゃん』（フジテレビ系、２００６年放送）の主演で子役としてブレークし、大学進学後現在は俳優業のかたわら情報番組のコメンテーターも務める森迫永依（１９９７年生まれ）もそうだが、こうしたケースを見ると、自ら教養を身に着け、社会経験を積むという意味でも、「自己プロデュース」能力が子役の生きかたにとってますます必須のものになりつつあることがうかがえる。

もちろん、社会全体で高学歴化が進む時代の流れもあるだろう。そのあたりは、単純に過去と比べられない。だがここで重要なのは、子役からスタートした俳優が、たとえ大学進学をしても演技の仕事を辞めてしまうわけではないということだ。自分の人生を自分で切り拓き、俳優業を基盤としながら可能性の選択肢を増やしていくこと。その自立した生きかたが、2000年代以降、子役の世界においてますます強くなっているように見える。その意味での「自己プロデュース」能力が、子役出身の俳優たちの将来を左右するようになっているのである。

その傾向は、2010年代になるとより低年齢の子役にまでも広がってくる。そしてその結果、逆説的なことだが子役において「子役らしからぬ」ことが、ある種のスタンダードになっていく。言い換えれば、「子役のプロ」が続々と登場し始めるのである。そのあたり、次章で見ていきたい。

第5章

成熟期を迎えた子役の世界
～2010年代から現在へ

▽上白石姉妹▽浜辺美波
▽広瀬すず▽清原果耶▽芦田愛菜
▽鈴木福▽本田望結▽濱田龍臣

①2011年の「東宝シンデレラオーディション」

「東宝シンデレラオーディション」の歴史

2010年代、子役の世界は成熟期を迎える。ここまで述べてきたように、1980年代後半から2000年代に至る流れのなかで、子役が特別なもの、異端的存在ではなく、大人の俳優へのルートとして確立されていったことが、その基盤となった。葵わかな（1998年生まれ）や永野芽郁（1999年生まれ）のような子役出身の俳優が後に朝ドラの主演をするようになったことなどは、そのひとつの証だろう。

そのなかで、デビュー時から〝大物感〟を漂わせる子役も何人か現れる。個性はそれぞれ異なるが、最初からある種の完成された雰囲気を周囲が認める子役が登場するようになるのである。入り口となったのは、いくつかの有名オーディションだった。

まず取り上げるべきは、「東宝シンデレラオーディション」だろう。

その歴史は、1984年にさかのぼる。古くから映画会社はオーディション形式のスカウトを熱心におこなってきた歴史があるが、「東宝シンデレラオーディション」もそのひとつだ。1984年が第1回だったのは、その年東宝が創立50周年の大きな節目の年に当たっていたからである。記念すべき第1回のグランプリは沢口靖子。最終選考に残ったなかには、俳優としてと同時にアイドル歌手としても成功する斉藤由貴もいた。

ただ、このオーディションは毎年開かれたわけではなかった。直近2022年の第9回まで、3年から6年のインターバルで不定期に開催されてきている。その間、第2回（1987年開催）の審査員特別賞・水野真紀などもいるが、子役の歴史にかかわるという意味では、第5回（2000年開催）グランプリの長澤まさみがいた。

1987年静岡県生まれの長澤まさみは、当時小学6年生の12歳。35153人のなかから選ばれた。本人は、「幼少期からよくドラマは見ていて、物語を楽しむということが好きでした」と語る（『学生新聞』2022年10月1日付け記事）。

合格後すぐに映画のクランクインとなり、同じ2000年公開の映画『クロスファイア』で早くもデビューを果たした。その後『ロボコン』（2003年公開）で映画初主演、またヒロインを演じた映画『世界の中心で、愛をさけぶ』（2004年公開）が大ヒットするなど、映画にドラマにとコンスタントに活躍している。『MOTHER マザー』（2020年公開）で日本アカデミー賞最優秀主演女優賞を受賞するなど、演技面での評価も高い。

仕事について、長澤まさみはこう語ったことがある。「よく、この仕事ずっとやりたい？とか聞かれたりしますが、まず、辞めようと思ってやってないですからね。辞めるために仕事をしてない。ちょっと先の人生を作るために仕事をしているので、その質問は何の意味があるんだろう、って疑問に思ったことがあります」（『映画ランド』２０２２年9月14日付け記事）。この言葉からは、彼女にとって子役であることが期限付きのものであるというよりは、大人の俳優になっていくうえでの日常であったのだろうという印象を受ける。実際、そのキャリアにおいては、子役から大人の俳優への脱皮が継ぎ目なくごく自然につながっている。その点、やはり２０００年代以降の子役という印象だ。

歌と芝居の〝二刀流〟、上白石姉妹

２０１０年代に入って間もない２０１１年に開催されたのが、第7回の「東宝シンデレラオーディション」である。ここで、現在2人揃って活躍する上白石姉妹が同時に表舞台に登場する。

４４１２０人の応募者のなかからグランプリに輝いたのは、妹の上白石萌歌のほうだった。当時の年齢は、史上最年少となる10歳である。一方、姉の上白石萌音は審査員特別賞。

当時は中学1年生の12歳だった。

2人は鹿児島出身。萌音が1998年、萌歌が2000年生まれである。家族で3年間、メキシコで暮らしたこともある。母親がかつて中学の音楽教師だったこともあり、音楽好きに。萌音は小学1年生の頃から鹿児島市内のミュージカルスクールに通っていた（『西日本新聞』2016年11月13日付け記事）。そのスクールの教師に勧められたのが、「東宝シンデレラオーディション」を受けるきっかけである（『NEWS ZERO』×『未来のミライ』2018年7月8日放送）。

萌歌も萌音の影響を受け、同じスクールに6歳の頃から通っていた。当初オーディションは萌音だけが受ける予定だったが、応募要項の年齢制限のところをふと見たところ10歳から可能となっていたため、姉とともに受けてみようと思ったという（『進路ナビ』2018年7月2日付け記事）。

この経歴からもわかるように、2人においては歌と芝居が仕事の両輪になっている。したがって、ドラマや映画への出演も多いが、ミュージカルでの活躍も目立つ。

萌音は、2012年以来ミュージカルの舞台に立ち、2015年『赤毛のアン』では、ミュージカル初主演を務めた。その後も、ミュージカルの主演舞台が続いている。

歌が映画の仕事につながったこともある。初主演映画となった『舞妓はレディ』（2014

年公開）では、役柄的に歌と踊りが必須だった。監督の周防正行が20年間温めてきた企画だったが、主役のイメージに合う俳優が見つからず、ずっと実現していなかった。ところがオーディションで、普通の中学生で目立たない印象の萌音が、歌った瞬間表情が一変したところに惹かれ、主役に抜擢した（『TV LIFE』2015年3月18日付け記事）。

近年では、連続テレビ小説『カムカムエヴリバディ』（NHK、2021年放送開始）で深津絵里、川栄李奈とともにヒロインを務めたことはまだ記憶に新しい。また記録的ヒットを収めたアニメ映画『君の名は。』（2016年）では、神木隆之介とともに主人公の声を担当したのもよく知られるところだ。さらには歌手として、2021年の『NHK紅白歌合戦』に初出場もした。CM出演も多く、バラエティ『世界くらべてみたら』（TBSテレビ系、2017年放送開始）ではMCも務めるなど、その活躍の幅はますます広がっている。

萌歌は、2016年にやはり『赤毛のアン』で、ミュージカル初主演を務めた。姉の萌音の後を引き継いだかたちで、アン役としては史上最年少だった。さらに2017年にも『魔女の宅急便』で主人公のキキ役でミュージカルの舞台に立った。

ドラマデビューは、2012年の『分身』（WOWOW）。主演の長澤まさみの幼少期を演じた。その後さまざまな作品に出演したが、転機となったのが『義母と娘のブルース』（TBS

テレビ系、2018年放送開始）である。コメディタッチの内容で、萌歌は綾瀬はるか演じる主人公の義理の娘を演じた。辛いことも明るく乗り越えていく役柄だったが、演技面で苦戦もした。監督から「恥をかいてもいいと思ってお芝居をやっているように見えない」と言われてハッとし、小さい頃から引っ込み思案だった自分の殻をひとつ破ることができたという（『VOGUE GIRL』2021年6月3日付け記事）。

近年は、ドラマや映画の主演作も増え、充実ぶりがうかがえる。一方、萌音と同様に歌手活動も精力的で、「adieu」という名義でツアーもおこなった。ほかにもトーク番組のレギュラー出演やCM出演など、活動の多彩さは、姉の萌音にひけをとらない。

仕事ぶりもそうだが、多忙のかたわら2人とも大学進学をするなど着実さが目に付く。両人から漂う安定感は、貴重なものだろう。

漫画・アニメ原作ものと縁が深い浜辺美波

上白石姉妹が受けた第7回の「東宝シンデレラオーディション」のもうひとりの受賞者が、浜辺美波である。浜辺は新設されたニュージェネレーション賞を受賞。このとき、10歳だった。

2000年生まれの浜辺美波は、石川県出身。オーディションは、母親に言われて受けたという。憧れはあったものの俳優になろうと思ったことはなく、オーディションも「絶対に落ちると思っていたので、特技をアピールするときも、他の人はダンスや歌を発表していたのに、私は何もやらなかったんです」と当時を振り返る（『ORICON NEWS』2015年9月3日付け記事）。履き慣れないヒールのある靴だったため、壇上を歩く場面で脱げてしまったという初々しいエピソードもあった。

他の受賞者もそうだが、東宝主催のオーディションということで、同年公開の映画デビュー作『アリと恋文』で主演を務めた。その後は、ドラマ、映画の出演を重ねていった。

注目されるきっかけになった作品としては、2015年に放送されたスペシャルドラマ『あの日見た花の名前を僕達はまだ知らない。』（フジテレビ系）が挙がるだろう。「あの花」とファンから呼ばれる人気アニメの実写化で、小学校時代から仲間である男女が成長して大人へと一歩踏み出すストーリー。浜辺美波は、そのキーパーソンとなる「めんま」という少女を演じた。

漫画・アニメ原作のドラマが全体に多くなった時代背景もあるが、浜辺美波は、これ以外にもそうした作品への出演が目を引く。彼女の場合、まず整った容貌が話題になることも多く、そのビジュアル面がキャスティングにつながっているとも言えるだろう。『咲-Saki-』（毎日放送、TBSテレビ系、2016年放送。映画化もされた）などもそうで、こちらは女子高生たちによる競技麻雀の世界を描いた人気漫画が原作。浜辺は、主人公の宮永咲を演じた。また『賭ケグルイ』（毎日放送、TBSテレビ系、2018年放送開始。こちらも映画版がある）も同様だ。

そして大ヒットとなったのが、住野よるの同名小説を原作にした映画『君の膵臓をたべたい』（2017年公開）である。北村匠海（1997年生まれの彼も、子役時代から活躍するひとりだ）とダブル主演となった浜辺美波が演じたのは、ヒロインの山内桜良。北村演じる「僕」は人と接することが苦手な高校生。その「僕」が、病を抱える桜良との出会いを通じて変化していく物語。泣ける場面も多く、興行収入35億円超というヒットを記録した。浜辺美波も、この映画で日本アカデミー賞新人俳優賞などを受賞した。

2023年放送予定の連続テレビ小説『らんまん』（NHK）では、主演の神木隆之介の妻役として、『まれ』（2015年放送）に続く2度目の朝ドラ出演も決まっている。その一方で、庵野秀明が監督を務める特撮映画『シン・仮面ライダー』（2023年公開予定）のヒロイン役に抜擢されるなど、漫画・アニメの実写化作品への起用も相変わらず続いている。そのあたりは、同じ大物感を漂わせても、同年代の他の女優にはない個性になりつつある。

②広瀬すずと清原果耶 ～オーディションが生んだ大物子役

広瀬すずがまとう特別なオーラ

別のオーディション経由で芸能界入りするケースも、もちろん少なくない。特にティーン向け雑誌のモデルオーディションは、近年においても有力な子役へのルートとして健在だ。

たとえば、最近活躍の著しい飯豊まりえも、「avex kids×ニコ☆プチ公開モデルオーディション」（2008年開催）というモデルオーディションでグランプリになったことが芸能界入りのきっかけだった。1998年生まれの飯豊はこのとき10歳。その後も『nicola』や『Seventeen』など長く雑誌モデルを務めるかたわら、2012年にドラマデビュー。特撮ものから恋愛ものまで多くのドラマや映画に出演してきた。近年は、『岸辺露伴は動かない』（NHK、2020年放送開始）のヒロイン・泉京香役で注目が高まり、主演作品も増えてきた。

広瀬すずも、芸能界入りは似たようなきっかけからだった。2012年『Seventeen』のモデルオーディション「ミスセブンティーン2012」でグランプリを受賞。すでに姉の広瀬アリスが同誌の専属モデルだったこともあり、当初はバラエティ番組へのテレビ出演などで、姉妹2人揃っての出演を目にすることも少なくなかった。

このときのオーディションエントリーについては、姉アリスの事務所社長に言われて断り切れなかったと本人は振り返っている。1998年生まれ、静岡出身の広瀬すずにとって、「東京の芸能事務所の社長」という存在をイメージで実際以上に大きく考えてしまい、「はい」と言うしかなかった。また当時はバスケットボールに夢中で将来はそちらの方面に進みたかったことも、最初芸能の仕事には消極的だった理由だった(『日曜日の初耳学』2022年5月15日放送)。

俳優としてのデビューは、香取慎吾主演のドラマ『幽かな彼女』(関西テレビ、フジテレビ系、2013年放送)。中学校を舞台にした学園ドラマだが、主人公の教師役の香取慎吾が霊感体質という一風変わった設定だった。上白石萌歌、森迫永依、飯豊まりえらも出演するなか、広瀬すずは同じ生徒役のひとりとして出演。香取慎吾は、広瀬すずとリハーサルで向き合った際、あまり感じたことないほどの凄いオーラを感じて怖いほどになったこと、そしてリハーサル後にプロデューサーのところに行って広瀬すずについて尋ねたことを後年振り返っている(『SMAP×SMAP』2015年6月8日放送)。

このエピソードなどは、広瀬すずの大物感を物語るものだろう。実際、その凛としたたたずまいの存在感で、彼女はまたたく間に各方面から引っ張りだこになった。ドラマや映画だけでなく、CMにも頻繁に登場し、「CM女王」にも度々輝いている。

俳優としては、是枝裕和が監督した映画『海街diary』（2015年公開）が飛躍のきっかけになった。綾瀬はるか、長澤まさみ、夏帆（1991年生まれの彼女もモデルでデビューした子役だった）を姉とする四姉妹の末妹。だがひとりだけ母親が異なるという設定である。初々しさも残しながら、そうした複雑な役柄を印象的に演じた広瀬すずは、多くの映画新人賞を獲得した。

広瀬すずと聞いたとき、かなりのひとがあの強烈な目力を思い浮かべるはずだ。映画の初単独主演作となった『ちはやふる』（2016年公開）は、その特徴を十二分に生かした。同名漫画が原作の競技かるたに打ち込む女子高校生を描いた青春ものだが、クライマックスでの広瀬すずの真剣な目のアップは迫力満点で、彼女ならではのものだった。

その後も2019年に連続テレビ小説『なつぞら』（NHK）に主演するなど、着々と実績を積み重ねている。この『なつぞら』は、朝ドラ通算100作目となる記念の作品。広瀬すずの起用はオーディションではなくオファーによるもので、そこにも彼女がまだ20代前半にして実績十分の大物として認知されていたことがうかがえる。実際、最近は歴史上の人物を主人公にした大型のスペシャルドラマでの主演というケースも目立つ。

清原果耶の絶賛される演技力

オーディションには、「ホリプロタレントスカウトキャラバン」や先述の「全日本国民的美少女コンテスト」など芸能プロダクション主催のオーディションもある。そうしたなか、大手芸能プロダクションのひとつであるアミューズも、1980年代からオーディションを随時開催してきた。福山雅治も、出身者のひとりだ。

そんなアミューズ主催のオーディションのひとつ「アミューズ新人発掘イベント「オーディションフェス2014」」でグランプリを獲得したのが、清原果耶である。

清原果耶は、大阪出身の2002年生まれ。芝居一筋という印象もあるが、小さい頃から歌とダンスが好きでミュージカルスクールに通っていた(『withnews』2019年2月8日付け記事)。このあたりは前出の上白石姉妹に重なるし、ダンススクールに入っていた伊藤沙莉にも近い。なにより、この世代へのダンスカルチャーの浸透ぶりがうかがえる。そのあたりは、確実に時代の変化だろう。

したがって、清原が Perfume のファンだったというのもうなずける。それは家族も同じで、中学1年の夏、母親からPerfumeの所属するアミューズのオーディションがあると聞いて受けてみることにした（同記事）。合格後、2015年からCM出演や雑誌モデルで芸能の仕事をスタートさせた。

芝居にも、興味があった。小学5年生くらいのときにテレビを見ていて、演じているひとが楽しそうに見えたり、泣く芝居を見て「なんでこんなに泣けるんだろう」と不思議に感じたりしていた。そこで自分もやってみたいと思うようになった（『HUSTLE PRESS』2016年1月7日付け記事）。

俳優デビューは、NHKの朝ドラである。2015年9月に始まった連続テレビ小説『あさが来た』で、波瑠が演じる主人公の家庭に仕える奉公人・ふゆという役だった。当時清原果耶は中学2年生だったが、劇中では15歳から20代後半を演じている。

実は、このとき清原は一度別の役のオーディションを受けて落ちていた。だがその場に立ち会っていた番組プロデューサーが、「演技経験がほとんど無いにも関わらず、こちらの指示に対して敏感に反応してくれました。自分なりにきちんと役を掴んでいる様子を見ると、女優になるべくしてなる方だと思いました」と強く印象づけられていた。そこでふゆ役への起用が決まったのである（『モデルプレス』2015年6月23日付け記事）。

デビュー作が朝ドラでかなり出番の多いメインキャストのひとり、そして「女優になるべくしてなる方」というスタッフからの賛辞などを見ても、清原果耶の演技の才能は当初から際立っていたことがわかる。映画『デイアンドナイト』（2019年公開）のプロデューサーだった山田孝之が、彼女の演技を現場で見て泣いてしまったことを告白するなど、彼女の演技力を称えるエピソードには事欠かない。

ドラマ初主演となったのが、NHKの『透明なゆりかご』（2018年放送）である。彼女が演じたのは、看護師を目指し、産婦人科でアルバイト勤務をする高校3年生の青田アオイ。そこで生命をめぐる光の部分だけでなく影の部分にもふれ、葛藤しながらも前へ進んでいこうとする役柄である。シリアスな場面も多いドラマだったが、そのなかで純粋さを失わない主人公を見事に演じた清原果耶は、その演技で数多くの賞を受賞した。

2021年には、ついに朝ドラのヒロインの座を射止める。『おかえりモネ』（NHK）は、東北を舞台にした気象予報士が主人公のドラマ。背景には東日本大震災の経験があり、清原果耶演じる永浦百音を始めとした人々の挫折と苦悩、そして再生が描かれる。この作品には、是枝裕和監督作品の常連でやはり子役出身の蒔田彩珠（2002年生まれ）も百音の妹役で出演していた。

清原本人曰く、人見知りしない明るい性格（前掲『HUSTLE PRESS』記事）。確かに歌とダンスが好きという話を聞いても、そのあたり出演作品から受ける印象とはギャップがある。民放の連続ドラマ初主演作となった『ファイトソング』（TBSテレビ系、2022年放送）は、その意味ではスポーツ少女役という新たな一面を見せたドラマだった。また、『霊媒探偵・城塚翡翠』、『invert 城塚翡翠 倒叙集』（ともに日本テレビ系、2022年放送）ではミステリアスな霊媒師役に挑戦し、着実に役柄の幅を広げている。今後、さらに俳優としての活躍の場も広がるに違いない。

③子役がプロ化する時代 ～芦田愛菜、鈴木福の登場

『コドモ警察』というドラマ

2010年代には、もう一方で小学生の年代の子役が次々とスターになる現象が起こった。子役ブームの到来である。

すでに述べたように、1960年代の「ケンちゃん」こと宮脇康之などそうしたケース

は過去にもたくさんあった。だが2010年代の小学生子役スターたちに関しては、もちろん子どもらしい可愛らしさが変わらぬ人気の理由としてあったが、他方で自らを客観的に見ることのできる落ち着き、冷静さも感じさせた。いわば、クールなまなざしを持つ「賢い子役」の時代が到来するのである。

そんな子役の時代を象徴するようなドラマもつくられた。2012年に放送された『コドモ警察』(毎日放送、TBSテレビ系)である。後に映画化もされた。

タイトルからも想像がつくように、この作品は刑事ドラマである。横浜にある大黒署の刑事たちが、悪の組織との戦いを繰り広げる。ただ、コメディに定評のある福田雄一の脚本・監督ということだけあって、設定にひとひねりが加えられている。

大黒署の刑事たちは、悪の組織の特殊ガスを吸ってしまい、子どもの姿に変えられてしまっている。その刑事たちを子役が演じるというわけである。ただ中身は大人のままなので、そのような演技をしなければならない。つまり、ここに登場する子役たちは、子どもでもあり大人でもある。あるいはどちらでもない。そんな不確かな存在だ。

むろんドラマ上の話ではあるが、その設定は子役が置かれた歴史的変化を反映しているようでもある。繰り返し述べてきたように、そもそも子役は大人の俳優とは別物の存在として特殊な立ち位置にあった。それが、1980年代後半くらいから徐々に、子役と大人の俳優との境界が曖昧になり始める。2000年代には、そのあいだの明確な線引きはなくなった。そして2010年代に至り、その境界はあってないようなものになる。『コドモ警察』の子役たちの〝外見は子どもで中身は大人〟というハイブリッドな役柄は、そうした歴史的変化を象徴的に物語る。

この作品には、すでに注目を浴びていた子役も出演していた。たとえば、本田望結もそのひとりだ。『コドモ警察』は随所に『太陽にほえろ!』などの有名刑事ドラマへのオマージュがちりばめられた作品だが、本田望結は紅一点の刑事役で、『あぶない刑事』の浅野温子を彷彿とさせるバブル時のイケイケ風な出で立ちで登場する。

本田望結は、2004年京都生まれ。芸能事務所テアトルアカデミーが運営する児童劇団に所属し、4歳でCMに出演。2010年にはドラマデビューを果たした。

そして彼女を一躍注目される存在にしたのが、「はじめに」のところでもふれた『家政婦のミタ』(2011年放送)である。松嶋菜々子演じるミステリアスな家政婦が崩壊寸前の家族を救う話だが、ここで本田望結が演じたのは、その一家の末妹。まだ幼稚園児だが、家庭のことを案じて思い切った行動を起こす一面を持つ。物語上重要な役柄でもあり、好演が目を引いた。中学生の兄役として、やはり幼少期から子役としてのキャリアを持つ中川大志（1998年生まれ）も出演していた。

本田望結に関しては、フィギュアスケーターであることも有名だ。6歳上の兄・太一に憧れ、3歳からフィギュアスケートを始めた。姉の真凜、妹の紗来（彼女も子役をやっていたことがある）もフィギュアスケートの選手である。姉妹3人でテレビ番組に出演する姿を見かけるので、その点もよく知られているだろう。

フィギュアスケートには芸術的要素もあるとは言え、スポーツ選手と俳優の「二足のわらじ」は珍しい。またタレントとしてバラエティ番組への出演が多いのも、他の同世代の子役にはない特徴のひとつだ。YouTubeの活動も積極的で、俳優が本業ではあるだろうがマルチタレントへの道を歩みつつある。

鈴木福、そして『マルモのおきて』

そして『コドモ警察』の主役を務めていたのが、この時期の子役ブームをけん引する存在となったひとり、鈴木福である。

この作品で彼が演じたのは、大黒署特殊捜査課のボス。髪は七三に分け、スリーピースのスーツをビシッと着こなしている。眉間にしわを寄せながら、窓のブラインドの隙間から鋭い視線で外を見る。お判りのように、刑事ドラマ『太陽にほえろ！』でボス役を演じた石原裕次郎へのオマージュである。それをまだ小学2年生の鈴木福が真面目に演じるのだから、それだけでユーモラスだった。

鈴木福も、本田望結と同じ2004年生まれ。東京都出身。子役としてのスタートは、「赤ちゃんモデル」からだった。芸能事務所テアトルアカデミーに所属し、1歳のときに前出の『いないいないばあっ！』に出演したのが最初の仕事だった。その後2007年のドラマ『君がくれた夏～がんばれば、幸せになれるよ～』（日本テレビ系）で、本格的な子役デビューを果たす。2010年には星野源演じる男性の子ども時代の役で連続テレビ小説『ゲゲゲの女房』（NHK）にも出演した。

そして2011年、鈴木福は、阿部サダヲ、芦田愛菜とともに主演を務めたドラマ『マルモのおきて』（フジテレビ系）で大ブレークする。

阿部サダヲが演じる高木護は、文具メーカーに勤める独身サラリーマン。ところが中学時代野球部でバッテリーを組んでいた親友が亡くなり、まだ幼い双子を残していったことを知る。その双子に母親はおらず、事情があってバラバラに引き離されようとしていた。

そこで護は、双子を自分が引き取ることを決意する。

独身男性がいきなり子どもを育てることになるというシチュエーションは、前出の『パパと呼ばないで』や『パパはニュースキャスター』を思い出させる。いわば、子役がフィーチャーされるドラマの定番的展開のひとつである。だが『マルモのおきて』の場合、血のつながりもまったくない。その点、設定としてはある意味より進んだかたちになっている。

阿部サダヲは、これが民放連続ドラマ初主演。本作のヒットにより、知名度もぐんと上がった。そしてもう一方の主役である双子、薫と友樹を演じたのが芦田愛菜と鈴木福だった。3人がさまざまな困難を乗り越えて絆を深めていく王道ホームドラマ的な物語は泣かせる場面も多く、2人は愛らしくも存在感たっぷりの演技で魅了した。世帯視聴率も初回11・6%だったのが最終回には23・9%と尻上がりに人気上昇するなど、芦田愛菜と鈴木福は一気に茶の間のアイドルに躍り出た。

その端的な表れが、2人が歌ったドラマ主題歌の大ヒットである。曲名は「マル・マル・モリ・モリ!」(2011年発売)で、歌唱名義は「薫と友樹、たまにムック。」。「ムック」とはドラマに登場する犬の名前で、劇中ではしゃべれるという設定だった。

曲調は軽快な、ちょっと童謡テイストのある歌謡曲。2人のまだあどけなさの残る歌声にも癒されるが、ヒットの要因として大きかったのは思わず真似したくなるような「マルモリダンス」の振付だった。ドラマのエンディングでも出演者が歌に合わせて振付を踊るという趣向があり、それがまた人気を加速させた。

売り上げも、オリコン週間シングルチャートで初登場3位を記録。これは、6歳以下の歌手としては前述の皆川おさむ「黒ネコのタンゴ」以来、約41年ぶりの快挙だった。最終的には売り上げ50万枚を突破。そしてとうとう2人は、同年の『NHK紅白歌合戦』に初出場を果たす。ともに7歳という史上最年少での出場であった（それまでの記録は大橋のぞみの9歳だった）。

その後も鈴木福は、俳優としてのみならず、声優、タレント、歌手の分野にも進出。幅広い活躍を続けている。また近年は、情報番組などのコメンテーターとしての姿を見ることがめっきり増えた。18歳という成人年齢にも達し、スーツにネクタイ姿で時事問題に堂々とコメントする様子は、もはや「福さん」と呼ばねばならない感じだ。

芦田愛菜が体現した子役の成熟

一方の芦田愛菜も、同様に活動の場をマルチに広げている。読書家としても知られ、「才女」のイメージもすっかり定着した感がある。それもあって、中学の進学先が記事になり、18歳に達したいまはどこの大学、どのような学部に進学するのかがまた度々記事になっている。これだけ延々と進学のことが話題になるのも、子役の歴史上あまりないだろう。それだけ、演技面以外の生きかたにまで注目が集まっているということでもある。

芦田愛菜は、2004年兵庫県生まれ。3歳のときに芸能プロダクション・ジョビィキッズのオーディションに合格。芸能活動をスタートさせた。このプロダクションは、ほかにも鈴木梨央、住田萌乃、寺田心など多くの有名子役が所属してきた事務所。元々は幼児教室で、子どもの個性を伸ばすための個人レッスンをしていたという(『週刊女性PRIME』2022年6月15日付け記事)。

「天才子役」だったイメージが強い芦田愛菜だが、最初の半年は何十回もオーディションに落ち続けた。そしてようやく、2009年放送のドラマ『家族レッスン』(朝日放送)でデビュー。放送時間5分の連作ドラマで、芦田愛菜はそのうち1話分のみの出演だった。

そのように順風満帆というわけではなかった彼女が世間から大いに注目されるきっかけ

になったのが、2010年放送のドラマ『Mother』（日本テレビ系）である。『東京ラブストーリー』『最高の離婚』など数々の名作を手掛けた坂元裕二のオリジナル脚本。物語は、タイトルの通り、「母性」の意味を真正面から問いかけるもの。松雪泰子演じる小学校教師・鈴原奈緒は、自分のクラスの女子児童が実の母親から虐待を受けていることを知る。そして彼女は、激しく迷いながらもその児童を誘拐し、自分の「娘」として育てることを決意する。その女子児童・道木怜南を演じたのが、芦田愛菜だった。

この児童役は小学1年生の設定で、オーディションで選ばれた。その際の番組側の条件は、7歳に達していること。芦田愛菜は当時まだ5歳だったため、書類審査で落ちてしまった。しかし、マネージャーの強い熱意に押されてオーディション参加を認めたところ、彼女の演技にスタッフが圧倒され、異例の合格となった。

坂元裕二も、オーディションの場で芦田愛菜を見たとき、初めてオーラを見る経験をしたという（『CREA』2018年11月2日付け記事）。それは後にも先にもその時だけで、坂元は、まだ体格的にも小さかった芦田愛菜のことを踏まえ、すでに出来上がっていた脚本を書き直したほどだった。

その表現力と存在感はスタッフだけでなく視聴者も驚かせ、芦田愛菜は一躍注目の的となる。それが、前述の『マルモのおきて』のブーム的人気につながったことはいうまでもない。2013年にはハリウッド映画『パシフィック・リム』に出演、2014年には『明日、ママがいない』（日本テレビ系）で連続ドラマ初単独主演を果たした。以降もドラマや映画への出演は続いている。

一方で、トーク番組やバラエティ番組に出演した際のしっかりとした受け答えぶりなどから、その頭脳明晰さが評判になった。前述のように読書家としても有名で、「自分以外の誰かの考え方や人生を知る『疑似体験』であるところに、彼女自身芝居と読書の類似点を指摘している（芦田愛菜『まなの本棚』、14頁）。2017年には、難関として知られる有名私立中学に合格。そのことも大きなニュースになった。現在は、先ほども書いたようにどのような大学、学部に進学するのかも関心の的になっている。

このあたり「仕事と学業の両立」が世間の関心を集める様子は、子役の系譜で言えば早稲田大学第二文学部（夜間）に進学した吉永小百合にも通じるものがある。ただここまで述べてきたように、もはや現代の子役において「仕事と学業の両立」は、ケースバイケースではあるが、ある意味当たり前のものになっている。その点、芦田愛菜がアイコン的存在であることは間違いないが、他の子役と比べて異質なわけではない。

そんな彼女の姿は、一般の同世代にとっても憧れの存在になっている。2022年に株式会社アイ・エヌ・ジーが高校生に実施した調査では、「同世代が憧れる、または目指している人」の1位が芦田愛菜だった。ここにも、子役が特殊な存在ではなくなっている一端が表れているだろう。

芦田愛菜のような存在は、これまでの子役の歴史にあまりいなかった。確かに可愛らしさや演技の存在感も大きな魅力だが、なによりも知性を感じさせる「賢さ」によって、子役でありながら子役らしからぬ存在だったことが大きなポイントだろう。そしてそれもあってか、「子役」と呼ばれる年齢を過ぎても〝子役らしからぬ子役〟というベースは変わらない印象がある。

逆に言えば、芦田愛菜は最初から「子役」の枠を超えた子役だった。坂元裕二は、『Mother』以後の芦田愛菜についてこう語る。「道木怜南の役が芦田愛菜ちゃんになったときに、『もしかしたらこの子の人生を変えてしまうのかもなあ』って頭をよぎったりもしましたけど、それは大きな間違いで。愛菜ちゃんの本質はあれから何ひとつ変わらず、いろんなものを全部自分の力にしながら、活動の範囲を広げていってるように思えます。持って生まれたものとしか言いようがないですよね」（同記事）。

この言葉からもわかるように、芦田愛菜は、矛盾した表現かもしれないが、年齢という概念を越えた子役だった。最初から精神的に大人だったと言ってもいい。つまり、芦田愛菜は、史上まれにみる〝成熟した子役〟だった。

2010年代子役ブームと子役のプロ化

2011年、「マルマル、モリモリ」が「新語・流行語大賞」にノミネートされるなど、鈴木福と芦田愛菜はともに6歳にして社会現象的ブームの主役となった。それは同時に、子役ブームの到来でもあった。

それより少し前から、子役の世界は充実を見せ始めていた。1993年生まれで『Dr.コトー診療所』（フジテレビ系、2003年放送開始）に出演した富岡涼も印象的だったが、ほかにも2000年代から2010年代にかけて活躍する子役が登場する。

美山加恋は、1996年東京生まれ。漫画誌『ちゃお』に載っていた芸能事務所のレッスン生募集の広告に応募したのがきっかけだった。5歳のときである。ただ芸能界に憧れていたわけではなく、歌やダンス、バレエなどのレッスンを受けられることが決め手だった。習い事感覚だったわけである（『文春オンライン』2022年12月4日付け記事）。

そうしてオーディションを受けるなかで決まったのが、『僕と彼女と彼女の生きる道』(関西テレビ、フジテレビ系、2004年放送)である。草彅剛が主演。草彅演じる小柳徹朗は家庭のことを全く顧みない仕事人間。ところが妻と離婚し、幼い娘と2人で暮らすことになる。娘と接することがなかった草彅と娘の関係はぎくしゃくし、うまくいかない。だが少しずつ、2人は親子としての絆を作り上げていく。

この娘・小柳凛を演じたのが、当時7歳の美山加恋。まさに可憐な役柄がピッタリだった彼女の演技は、多くの視聴者を惹きつけた。平均世帯視聴率も20・8％を記録。美山加恋は一躍「凛ちゃん」としてアイドル的存在になった。

本人曰く、「天才子役」と呼ばれていたことは当時気づかなかったと言うが、中学生くらいの年齢になるとどうしても「凛ちゃん」のイメージを求められることにモヤモヤし始めたという。だが、舞台やアニメの声優に挑戦することで、そのモヤモヤが吹き飛んだ(同記事)。現在も、俳優業以外に声優の仕事を精力的にこなしている。

吉田里琴も注目された。東京都出身で、1999年生まれ。芸能界入りのきっかけは、前出の『いないいないばあっ!』に彼女を出演させたいと考えた母親が芸能事務所のオーディションを受けさせたことだった(『Deview』2008年10月31日付け記事)。3歳のときである。そして２００５年「爽健美茶」のＣＭでデビュー。その後は『山田太郎ものがたり』（ＴＢＳテレビ系、２００７年放送）、『オー！マイ・ガール!!』（日本テレビ系、２００８年放送）、『メイちゃんの執事』（フジテレビ系、２００９年放送）など次々とドラマや映画に出演、年齢に似合わぬ確かな演技力も相まって売れっ子になった。

しかしながら、２０１６年４月に芸能界引退を発表。理由は、学業に専念するためだった。ところが、２０１７年４月に再デビュー。子役時代とは違う芸能事務所にスカウトされたのがきっかけで、相手は彼女が「吉田里琴」だとは気づいていなかったという。そして芸名を「吉川愛」に変え、現在も活躍中だ。主演クラスでの出演作もある。

また、濱田龍臣も人気子役のひとりだった。濱田は、２０００年生まれの千葉県出身。６歳のときに子役デビューをした。

彼にとっての転機は、ＮＨＫ大河ドラマ『龍馬伝』（２０１０年放送）で、福山雅治演じる主人公坂本龍馬の幼少期を演じたことだった。実写版『怪物くん』（日本テレビ系、２０１０年放送）にも相次いで出演。その後、自身大ファンという「ウルトラシリーズ」の一作『ウルトラマンジード』（テレビ東京系、２０１７年放送）では念願の主演を果たした。近年は、三谷幸喜作の映画や舞台に出演するなど、実力派俳優としての足場を固めつつある。

そしてこれらの子役の活躍に続くように、少し下の年齢の子役たちがこぞって人気となる。その結果、2010年代に子役の層は質量ともにより充実したものになった。それはすなわち、子役ブームのピークでもあった。

それを担った本田望結、鈴木福、芦田愛菜は、改めて言うと全員2004年生まれの同い年だ。ほかにもいる。2012年に「すたーふらわー」なるユニットを組んで歌手デビューもした小林星蘭と谷花音も2004年生まれ。さらに芦田愛菜の『Mother』を見て憧れたのが子役になるきっかけで、『明日、ママがいない』で共演もした鈴木梨央は2005年生まれだが、早生まれであるため学年は同じということになる。

前述の子役だらけのドラマ『コドモ警察』は、まさにこの時期のブームの産物ということになる。ブームは結局ブームで、永遠に続くものではない。しかも子役は、どんなに人気が出てもずっと子役でいられるわけではない。したがって、『コドモ警察』というドラマも、ブームが生んだあだ花のように思えなくもない。

しかしながら、先ほども書いたように、そこで人気子役たちが演じた役柄は、〝外見は子どもで中身は大人〟という子役の成熟した姿を象徴するようなものだった。そして実際、芦田愛菜という〝成熟した子役〟のアイコンのような存在が登場した。子役が立派な職業として成立する時代、いわば子役がプロ化した時代を、いま私たちは目の当たりにしているのである。

では、なぜそのようなことが起こるのか？　結びの章で、社会やメディアとの関係を踏まえながら考えてみることにしたい。

結びの章

子役が映し出す社会とメディア

▽毎田暖乃▽稲垣来泉▽加藤柚凪
▽中川大志▽飯豊まりえ
▽鈴木梨央▽村山輝星▽寺田心
▽チビみらん

素か演技か〜バラエティ番組の子役が求められるもの

いま現在も、子役の世界は引き続き活況だ。

２００６年生まれの新井美羽は、２０１７年に大河ドラマ『おんな城主 直虎』と朝ドラ『わろてんか』の両方で主人公の幼少期を演じて話題になった。また２００７年生まれの豊嶋花も、朝ドラ『ごちそうさん』（２０１３年放送開始）で主人公の幼少期を演じるなど子役として注目された。現在もともに俳優として活躍中だ。

「はじめに」でもふれた毎田暖乃は、その後も『あなたのブツが、ここに』（ＮＨＫ、２０２２年放送）などで好演を見せている。また朝ドラ『ちむどんどん』（ＮＨＫ、２０２２年放送）でヒロインの黒島結菜の幼少期を演じ、他のドラマでもよく目にする稲垣来泉（くるみ）は、毎田と同じ２０１１年生まれ。ともにどの出演作品でも安定した演技力、表現力を感じさせる。小学生でありながら、このキャリア。今後も活躍が期待される。

また、『監察医 朝顔』（フジテレビ系、２０１９年放送）で、上野樹里演じる主人公・朝顔の娘・つぐみ役を演じている加藤柚凪（ゆずな）は、このドラマが子役デビュー。２０１５年生まれで当時まだ4歳だった。それにもかかわらず、自然で感情豊かな演技を披露して大きく注目を浴びた。

ただ、テレビと子役の関係も様変わりしている。むろん「子役」の字義通り、演技の仕事、ドラマ出演が基本であることは変わらない。だが同時に、それ以外の部分でもテレビと子役のつながりは深まっている。芦田愛菜や鈴木福などのマルチな活躍については、すでにふれた通りだ。

歴史的に見てその背景として大きいのは、1980年代から活発化し始めたバラエティ番組への子役の進出だろう。

その頃、『あっぱれさんま大先生』や『所さんのただものではない!』などが先駆けとなって、バラエティ番組から子役が人気者になるパターンが定着した。1990年代には『ウゴウゴ・ルーガ』などが話題を呼び、『おはスタ』では「おはガール」たちがレギュラーとして登場するようになった。

2000年代以降だと、たとえば2009年に始まった子ども向けバラエティ『ピラメキーノ』(テレビ東京系)の「子役恋物語」というコーナーがあった。これは男女の集団お見合い、いわば「ねるとん」の子役版である。3対3などになってロケに出た子役の男女が、ゲームをしたり会話をしたりしてともに時間を過ごし、最後は意中の相手に告白する。みな小学生で、中川大志や飯豊まりえ、俳優として現在活躍する田辺桃子なども出演していた。

この「子役恋物語」はバラエティ番組のなかの一コーナーではあるが、最初から「子役」と明示されているので、本家のねるとんとは違い、一種の芝居として見ることもできる。バラエティとドラマの両面の要素があるというところでは、前にふれたドラマ『コドモ警察』とも構造的に似ているだろう。

ここからさらに一歩踏み込んで考えれば、バラエティ番組における子役たちは、素のように見えるときでも常に演技している可能性があることになる。かつての子役スター・坂上忍は、「バラエティは即興劇」、「アドリブ芝居」であると言っていた。そのようにとらえることで、実際はまだ大人のように機転が利かない子役であっても、バラエティでの要求に芝居感覚で対応できる可能性が高まる。

ただ、バラエティでは、ドラマなどとは違う演技センスが求められるだろう。演技であったとしても、それが混じり気のない素であるように思わせなければならない。そしてそれは、子役なら誰にでもできることではない。

「人生2周目」の意味〜寺田心の才能

その部分の才能で際立っている子役も出てきた。たとえば、NHK Eテレの子ども向け英語番組出演をきっかけに注目された村山輝星（きらり）（2010年生まれ）は劇団東俳所属の子役だが、ドラマではなくCMやバラエティ番組への出演が完全に中心になっている。

そしてそうした子役の先達とも言えるのが、やはり寺田心だろう。

寺田心は、2008年名古屋生まれ。3歳で芦田愛菜と同じジョビィキッズに入って芸能活動をスタートさせた。最初に注目を集めたのは、2015年のTOTO「ネオレスト」のCM。清潔なお風呂やトイレで行き場所がなくなったばい菌の親子が登場する。その子ども「リトルベン」役が寺田心である。着ぐるみ姿で長いセリフをこなすだけでなく、ばい菌の哀愁漂う演技も印象的だ。果たして寺田心は、このCMをきっかけに人気子役に。2017年のNHK大河ドラマ『おんな城主 直虎』では、菅田将暉演じる井伊直政の幼少期を演じるなど、子役の王道を行く存在になった。

だが一方で、寺田心はバラエティ番組でも早くから存在感を発揮していた。

実は、寺田心はTOTOのCMよりも前に、バラエティ番組のMCという大役を務めている。『どぅんつくぱ〜音楽の時間〜』（フジテレビ系）という音楽バラエティ番組で、2014

年の放送。当時、寺田心は6歳だった。

内容は、子ども番組の演出・フォーマットで音楽番組をやるという実験的なもの。『ウゴウゴ・ルーガ』を思い出させるところもある。そのなかで、寺田心は同じ子役の西澤愛菜が扮するお姫様・アイナちゃんとペアを組む王子様・ココロくんとして出演し、MCを務めた。番組は長く続かなかったものの、彼はこの頃からすでに大人顔負けの達者なトーク力を見せていた。

それからバラエティ番組にたびたび出演するようになると、寺田心の淀みないトークと子どもとは思えない礼儀正しくそつのない振る舞いは、感嘆を通り越して世の大人たちを恐れさせるようになる。2017年に北海道米のCMで共演したマツコ・デラックスも、「大きくて優しい、北海道のようなマツコさんがすぐ好きになりました」という会見での寺田心の一分の隙もないコメントに「恐ろしいわねえ」と連呼していたほどだった（『MANTANWEB』2017年10月17日付け記事）。

そんな寺田心に対し、ほどなく世間は「くん」づけではなく「さん」づけで呼ぶようになり、「人生2周目」というのが彼の異名となった。いうまでもなく、酸いも甘いもかみ分けたような、大人と変わらぬくらいの人生経験を幼くしてすでに積んでいるように見えるところからその名が付いたものである。

昔の感覚で言えば、寺田心の一連の言動や振る舞いは、「子どもらしくない」「可愛くない」と否定的に見られていたはずだ。むろん、そう思うひとはいまも皆無ではないだろうし、「人生2周目」という言葉にもどこか揶揄するような響きがないではない。しかしそこには同時に、「寺田心」というキャラクターを完璧に演じ切っている彼への尊敬の念も確実に混ざっているだろう。

そういう意味では、寺田心と世間のあいだには暗黙の了解に基づくある種の共謀関係がある。世間は、「子どもらしくない」ことをネタにすると同時に、大いに認めている面がある。寺田心のほうも、自分の素にある部分をベースにしつつ、やるべき仕事として「寺田心」を演じている。いまや中学生になり、身長も伸びて声変りも始まった寺田心がすんなり世間に受け入れられているように見えるのも、そうした彼の仕事ぶりを世間が以前から肯定的にとらえていたからだろう。

大人と子どもの境界の消滅

要するに、寺田心は「子役のプロ」である。もちろん芦田愛菜然り、鈴木福も然りである。そしてこうした「子役のプロ」が相次いで出てくる背景には、社会の子ども観そのものの変化があるだろう。それは端的に言えば、大人と子どもの境界の消滅だ。

従来の社会は、大人と子どもを明確に区別することで成り立ってきた。それは、法律、教育、労働などあらゆる面においてそうだ。子どもは無垢で脆弱な存在であるがゆえに大人によって保護されるべきものとされてきた。子役は「子どもらしく」という価値観も、そうした社会の仕組み、価値観から派生してきたものだろう。

むろん現在の社会においてもその理念は変わらないし、基本的に子どもは守られなければならない。ただ一方で、ある側面においては、急速に大人と子どものあいだの境界は無化されつつあるように見える。その突出した表れが、子役のプロ化なのではないだろうか。

2010年代以降、それぞれ個性は異なるとはいえ、芦田愛菜、鈴木福、寺田心といった「子役のプロ」が続々登場したのは、偶然ではない。彼や彼女は、大人がそうであるように、俳優を職業として意識しているように映る。その点、〝小さな大人〟と言えるだろう。見た目はまだ幼くとも、精神的にはどこかすでに成熟している。「はじめに」のところで、無垢さを演じるために、子役は早熟でなければならないと書いた。だが時代は進み、いまや子役にとって早熟さは隠しておくべきものではなく、表に出して構わないものになっている。

そこには、社会における家族のありかたの変化も影響を及ぼしているに違いない。

少子化が進む現代の日本は、子ども一人ひとりがますます大事にされるようになっている社会だ。親は、子どものために注ぎ込む労力、お金、時間は惜しまない。多くの場合、それは進学や受験など教育のために向けられる。だがそれだけではなく、たとえば児童劇団に入れることもそのひとつになっている。ここまでふれてきた子役たちの経歴からもわかるように、多くの子役は、芸能人になることが目的というよりは習い事のひとつとして児童劇団やダンススクールに通っていた。そうした感覚の広がりとともに、子役になることはもはや特別なことではなくなっていったと言える。

それに伴い、「ステージママ」のありかたも変化してきている。美空ひばりや宮沢りえなどにあっては、母親と子役の関係は「一卵性母娘」と呼ばれるほど一心同体であり、母親が子役の人生の道筋を多かれ少なかれ決定づけていた。それが安達祐実になると、少し母娘のあいだに距離感が生まれ始める。そうして芦田愛菜になると、関係が密接であることに変わりはないが、母親は身近な場所にいながら一定の距離を置いて子役の成長を支える存在になっている。芦田愛菜の本好きは、幼いころ母親が父親とともにしてくれた読み聞かせがきっかけだったという（前掲『まなの本棚』、18頁）。そこには、将来を踏まえて子どもの自立した成長を側面から促すというかかわり方がうかがえる。

そうした親子関係の変化は、子役の出演するドラマにも当然反映される。芦田愛菜の代表作である『Mother』は、松雪泰子と芦田愛菜演じる血のつながりのない2人が真の親子になっていく姿を描いたものだった。その意味で、既存の親子関係の常識を疑い、さまざまな親子関係の可能性を問いかけるような作品だった。そのなかで、子どもは自らの意思を尊重されるべき存在として描かれる。

たとえば、脚本の坂元裕二が「すごかった」と振り返るシーンがある。

第8話で、実の母親が訪ねて来て、芦田愛菜が「もうママじゃないから」と追い返したあとに松雪泰子の胸で泣く。「それが胸をかきむしられるような泣き声だった」と語る坂元裕二は、「どうしてあんな風に泣いたんでしょうね。技術とかじゃないし、5歳の芦田愛菜ちゃんがどんなふうに感情を作ったのかもわからないし、本当に不思議です。あれはすごかった」と述懐する（前掲『CREA』2018年11月2日付け記事）。

苦しみながらも自らの意思で実の母親ではなく松雪泰子が演じる女性を選ぶこの場面で見せた、芦田愛菜の演技の凄さ。それは、1980年代後半から進んできた子役の自立、そしてその到達点としての子役のプロ化を象徴しているもののように思われる。

子どもがみな子役になる時代？

インターネットと子役の関係にもふれておきたい。ここまでテレビと子役の関係を中心に追ってきた。そしてまだまだテレビが子役にとってのメインの活躍の場ではある。

だがその一方で、ネットの世界でも子どもの存在が目を引くようになってきた。配信ドラマもあるが、むしろネットの世界で子どもの活躍が目立つのは、YouTubeやTikTokなどの動画コンテンツにおいてである。

たとえば、YouTubeでは、芸能人や芸人が開設しているチャンネルにその家族として子どもたちが登場することがある。お笑い芸人のキングコング・梶原雄太による「カジサックKAJISAC」などが、代表格だろう。ただ、そうしたケース以外にも、「キッズユーチューバー」として人気を博する子どもは少なくない。

「せんももあいしーCh」（2006年開設）は、上は2006年から下は2017年生まれまでの4人きょうだいの遊んでいるシーンや食事シーンなど、何気ない日々の成長を追ったもの。2020年には、HIKAKINとはじめしゃちょーのチャンネル登録者数を抜いて国内2位となり、話題を呼んだ。現在の登録者数は、1130万人に及ぶ（2022年12月11日現在）。ちなみに1位も「キッズライン」（2011年開設）というキッズユーチューバーのチャンネルである。

TikTokでも、子どもの人気ティックトッカーは誕生している。たとえば、テレビ番組で俳優の竹内涼真がファンであると公言した望蘭（チビみらん）は、そのひとりだ。

望蘭は2017年生まれの5歳（TikTokへの登場は4歳から）。動画の内容は、こちらも日々の暮らしのなかの一コマを切り取ったもの。好きな曲に合わせて踊る姿、夜のトイレに怖くて行けない姿など、どんな子どもにもありそうな日常がアップされている。特に撮影者である母親との何気ない会話を切り取っただけの動画が表情豊かで面白く、登録者数も100万人を超えるほどの人気を呼んでいる。

こうした子どもの活躍が、一般の個人が誰でも発信できるネットの特性によって可能になったことはいうまでもないだろう。さらに、スマホの普及などを通じて、誰もが気軽に撮影すること、そして撮影されることに慣れた時代が、こうしたプライベートをそのままコンテンツ化したような動画の流行を生み出している。親子という関係性に、そうしたメディア状況の変化が凝縮されていると言える。

そしてそこでは、かつて子役につきまとった「子どもの労働」という問題も、構図としては出てこなくなる。いま述べたようなネット動画の多くは、プライベートの生活に根差したものだからである。子どもの出演は、「労働」から「遊び」になる。

ネットで人気の子どもたちは、むろん厳密には「子役」ではない。だが動画の子どもたちも撮られていることがわかっている時点で、素の部分のなかにやはりなにがしかの「演じる」意識はあるはずだ。それは、前述したように、バラエティ番組における子役の振る舞いかたに似ている。その意味では、もはや子役とそうした動画のなかの子どもたちとのあいだに本質的な差はない。もしかすると私たちは、子どもの誰もがなにかのきっかけで子役になりうる時代の入り口にすでに立っているのかもしれない。

おわりに

「子どもと動物には勝てない」という言葉をお聞きになったことはあるだろうか? テレビで視聴率を稼ごうとするなら、可愛い子どもや可愛い動物の映像に限るというような意味合いのフレーズである。確かに朝の情報番組などではそんなコーナーが定番だ。そうした映像が画面に映ったときに、思わず目を細めた経験のあるひともきっと少なくないだろう。

しかし、子役となると、話はもう少し複雑だ。子役はその「可愛い子ども」を演じている子どもだからである。だからそこにあざとさを感じてしまう視聴者も出てくる。本書は、そんな難しさを抱える子役という存在、そしてそのテレビとのかかわりの歴史を広くたどり直してみようとしたものである。

実際、執筆に取りかかってみると予想以上に大変な部分もあった。それぞれの時代を飾った子役をピックアップするだけでもかなりの数に上る。もちろん網羅したとまでは言えないし、ほかにも活躍した子役はいるだろう。しかし、本書に登場する子役だけでも、その数の多さは索引をご覧になるだけでもわかっていただけるのではなかろうか。

だがそれとともに、色々と発見もあった。

「この俳優は子役から出発したのか」という発見も随所にあったが、全体を通じて実感したのは、テレビ、ひいてはエンターテインメントの歴史は一面において子役の歴史でもあったということである。またアイドルの歴史にも関心を抱く私にとって、アイドルと子役が歴史的に交わる部分を具体的に知ることができたのも大きな収穫だった。さらに結びの章でも述べたように、現代社会やメディアの変容について考える際にも子役という観点がひとつ有効であるとも感じた。一言で言えば、子役というテーマは、多様なテーマと接続する交差点にある。そのことを読者の方に多少なりとも感じ取っていただければうれしく思う。

本書は、ふとしたきっかけから生まれた。今回の編集を担当していただいた星海社の持丸剛さんと雑談をしていたときに、持丸さんの口から出たのが子役というテーマだった。その瞬間は予想外のワードに少し驚いたのだが、かつて『水谷豊論』（青土社）を書いて以来、水谷豊も子役だったことがずっと心に残っていたのを思い出した。そしてそこから企画が動き出し、このような書籍となった次第だ。その意味では、本書はまさに持丸さんとの共同作業という側面がある。この場を借りて、改めて感謝の意を述べたい。

2023年1月　太田省一

参考文献

▽書　籍

・芦田愛菜『まなの本棚』小学館、２０１９年。
・小山内美江子『我が人生、筋書き無し』かまくら春秋社、２０１２年。
・後藤久美子『ゴクミ語録』角川文庫、１９８７年。
・斎藤明美『高峰秀子解体新書』ＰＨＰ研究所、２０１５年。
・斉藤こず恵『太っていたっていいじゃない』小学館文庫、２０００年。
・斎藤完『映画で知る美空ひばりとその時代―銀幕の女王が伝える昭和の音楽文化』スタイルノート、２０１３年。
・シャーリー・テンプル・ブラック『シャーリー・テンプル―わたしが育ったハリウッド』（上・下）大社貞子訳、平凡社、１９９２年。
・杉田かおる『すれっからし』小学館文庫、１９９９年。
・高峰秀子『わたしの渡世日記』（上・下）文春文庫、１９９８年。
・竹中労『完本 美空ひばり』ちくま文庫、２００５年。
・ディック・モーア『ハリウッドのピーターパンたち―黄金時代の子役スター物語』酒井洋子訳、早川書房、１９８７年。
・手塚治虫『バンパイヤ①』（解説：水谷豊）秋田文庫、１９９５年。
・天願大介『女優以前、以後。』新潮社、２００４年。
・中村メイコ『メイコめい伝』朝日新聞社、１９７７年。
・中村メイコ『五月蝿い五月晴れ―人生という名の喜劇を生きて』東京新聞出版部、２００５年。
・中森明夫『オシャレ泥棒』マガジンハウス、１９８８年。
・中森明夫『青い秋』光文社、２０１９年。
・中山千夏『ぼくらが子役だったとき』金曜日、２００８年。
・中山千夏『蝶々にエノケン―私が出会った巨星たち』講談社、２０１１年。
・美空ひばり『ひばり自伝―わたしと影』草思社、１９８９年。
・三宅恵介『ひょうきんディレクター、三宅デタガリ恵介です』新潮社、２０１５年。
・宮脇康之『ケンちゃんの１０１回信じてよかった』講談社、２００４年。
・吉田豪『元アイドル！―今の本音を語るインタビュー集』ワニマガジン社、２００５年。

▽雑誌・ムック

・『朝ドラの55年 全93作品完全保存版』ＮＨＫ出版、２０１５年。
・石橋春海『'60年代 蘇る昭和特撮ヒーロー』コスミック出版、２０１３年。
・『週刊アサヒ芸能』２０１３年1月17日号
・『週刊女性』２０２０年8月18・25日号
・『週刊女性』２０２２年4月12日号
・『ＴＶ青春白書　まるごと一冊学園ドラマの本』東京ニュース通信社、１９９５年。
・ピクトアップ10月号臨時増刊『上京本』ピクトアップ、２００８年。

▽テレビ番組

・『A-Studio+』２０２０年9月4日放送
・『人生最高レストラン』２０２１年9月11日放送
・『ＳＭＡＰ×ＳＭＡＰ』２０１５年6月8日放送
・『中居正広の金曜日のスマたちへ』２０１３年5月3日放送

・『日曜日の初耳学』２０２２年５月15日放送
・『ＮＥＷＳ ＺＥＲＯ×『未来のミライ』』２０１８年７月８日放送

▽インターネットサイト・インターネット記事

・石井妙子「宮沢りえ「彷徨える平成の女神」」、『文春オンライン』２０２１年３月28日付け記事
・『withnews』２０１９年２月８日付け記事
・『ＷＥＢザテレビジョン』２０２２年３月５日付け記事
・『ＶＯＧＵＥ ＧＩＲＬ』２０２１年６月３日付け記事
・『映画ランド』２０２２年９月14日付け記事
・『大手小町』２０１８年10月25日付け記事
・『ＯＲＩＣＯＮ ＮＥＷＳ』２０１５年９月３日付け記事
・『ＯＲＩＣＯＮ ＮＥＷＳ』２０１８年８月29日付け記事
・『ＯＲＩＣＯＮ ＮＥＷＳ』２０１９年10月13日付け記事
・『ＯＲＩＣＯＮ ＮＥＷＳ』２０２０年３月12日付け記事
・『All About』２０１４年10月30日付け記事
・『クランクイン！』２０１９年７月22日付け記事
・『クランクイン！』２０１９年４月６日付け記事
・『ＣＲＥＡ』２０１３年２月22日付け記事
・『ＣＲＥＡ』２０１８年11月２日付け記事
・『シネマトゥデイ』２０１９年３月31日付け記事
・『週刊女性ＰＲＩＭＥ』２０２２年６月15日付け記事
・『週刊ポスト』２０１６年２月１日付け記事
・『小学館キッズ』２０１７年５月１日付け記事
・『女性自身』、２０２２年５月８日付け記事
・『進路ナビ』２０１８年７月２日付け記事
・『スポーツニッポン』２０１６年５月８日付け記事
・『Smoke』２０１９年１月１日付け記事
・『チェリー』２０１６年３月18日付け記事
・『Deview』２００８年10月31日付け記事
・『ＴＶＬＩＦＥ』２０１５年３月18日付け記事
・『西日本新聞』２０１６年11月13日付け記事
・『日経エンタテインメント！』２０２０年11月23日付け記事
・『日本映画産業統計』
・『ＨＵＳＴＬＥ ＰＲＥＳＳ』２０１６年１月７日付け記事
・『婦人公論.jp』２０２０年６月４日付け記事
・『文春オンライン』２０１７年10月27日付け記事
・『文春オンライン』２０２２年12月４日付け記事
・『マイナビ転職』２０１０年４月30日付け記事
・『マイナビニュース』２０１４年４月27日付け記事
・『毎日新聞』２００７年２月16日付け記事
・『ＭＡＮＴＡＮＷＥＢ』２０１７年10月17日付け記事
・『三木鶏郎の世界』文化放送
・『モデルプレス』２０１５年６月23日付け記事
・『モデルプレス』２０１５年９月１日付け記事
・『Yahoo! ニュース』２０１８年２月25日付け記事
・『ロバート秋山のクリエイターズ・ファイル』

ま

た

な

は

本書で取り上げた子役索引

あ

か

星海社新書 249

子役のテレビ史 早熟と無垢と光と影

二〇二三年 二 月二〇日 第 一 刷発行

著 者 太田省一
©Shoichi Ota 2023

アートディレクター 吉岡秀典（セプテンバーカウボーイ）
デザイナー 榎本美香
フォントディレクター 紺野慎一
校 閲 鷗来堂

発行者 太田克史
編集担当 持丸剛

発行所 株式会社星海社
〒一一二-〇〇一三
東京都文京区音羽一-一七-一四 音羽YKビル四階
電 話 〇三-六九〇二-一七三〇
FAX 〇三-六九〇二-一七三一
https://www.seikaisha.co.jp/

発売元 株式会社講談社
〒一一二-八〇〇一
東京都文京区音羽二-一二-二一
（販 売）〇三-五三九五-五八一七
（業 務）〇三-五三九五-三六一五

印刷所 凸版印刷株式会社
製本所 株式会社国宝社

ISBN978-4-06-530951-3
Printed in Japan

249
SEIKAISHA SHINSHO

次世代による次世代のための

武器としての教養
星海社新書

星海社新書は、困難な時代にあっても前向きに自分の人生を切り開いていこうとする次世代の人間に向けて、ここに創刊いたします。本の力を思いきり信じて、**みなさんと一緒に新しい時代の新しい価値観を創っていきたい。若い力で、世界を変えていきたいのです。**

本には、その力があります。読者であるあなたが、そこから何かを読み取り、それを自らの血肉にすることができれば、一冊の本の存在によって、あなたの人生は一瞬にして変わってしまうでしょう。**思考が変われば行動が変わり、行動が変われば生き方が変わります。**著者をはじめ、本作りに関わる多くの人の想いがそのまま形となった、文化的遺伝子としての本には、大げさではなく、それだけの力が宿っていると思うのです。

沈下していく地盤の上で、他のみんなと一緒に身動きが取れないまま、大きな穴へと落ちていくのか？　それとも、重力に逆らって立ち上がり、前を向いて最前線で戦っていくことを選ぶのか？

星海社新書の目的は、**戦うことを選んだ次世代の仲間たちに「武器としての教養」をくばることです。**知的好奇心を満たすだけでなく、自らの力で未来を切り開いていくための〝武器〟としても使える知のかたちを、シリーズとしてまとめていきたいと思います。

2011年9月

星海社新書初代編集長　柿内芳文